Kurd Laßwitz: Bis zum absoluten Nullpunkt des Seins

Kurd Laßwitz

Bis zum absoluten Nullpunkt des Seins

Geschichten aus der

vergangenen Zukunft

edition

future past

IMPRESSUM

ebooknews press
Verlag Dr. Ansgar Warner
Rungestr. 20 (V)
10179 Berlin
ISBN: 9783944953533

Herausgegeben &
mit Nachwort versehen
von Ansgar Warner

Neuausgabe,
basierend auf:
Bilder aus der Zukunft (1874)
Seifenblasen (1894)
Die Welt u. d. Mathematikus (1924)

Coverbild:
Mickey (cc-by-2.0)

MIX
Papier aus verantwortungsvollen Quellen
Paper from responsible sources
FSC® C105338

Seifenblasen

«Onkel Wendel, Onkel Wendel! Sieh' nur die große Seifenblase, die wunderschönen Farben! Woher nur die Farben kommen?»

So rief mein Söhnchen vom Fenster herab in den Garten, wohin es seine bunten Schaumbälle flattern ließ.

Onkel Wendel saß neben mir im Schatten der hohen Bäume, und unsere Zigarren verbesserten die reine, würzige Luft eines schönen Sommernachmittags.

«Hm!» sagte oder vielmehr brummte Onkel Wendel zu mir gewendet, «Hm, erklär's ihm doch! Hm! Bin neugierig, wie du's machen willst. Interferenzfarben an dünnen Blättchen, nicht wahr? Kenn' ich schon. Verschiedene Wellenlänge, Streifen decken sich nicht, und so weiter. Wird der Junge verstehen — hm?»

«Ja», erwiderte ich etwas verlegen, «die physikalische Erklärung kann das Kind freilich nicht verstehen — aber das ist auch gar nicht nötig. Erklärung ist ja etwas Relatives und muss sich nach dem Standpunkte des Fragenden richten; es heißt nur, die neue Tatsache in einen gewohnten Gedankengang einreihen, mit gewohnten Vorstellungen verknüpfen — und da die Formeln der mathematischen Physik noch nicht zum gewohnten Gedankengang meines Sprösslings gehören —»

«Nicht übel, hm!» nickte Onkel Wendel. «Hast es so ziemlich getroffen, kannst es nicht erklären, nicht mit gewohnten Vorstellungen verbinden — gibt gar keinen Anknüpfungspunkt. Das ist es eben! Erfahrung des Kindes — ganz andere Welt — gibt Dinge, für die alle Verbindung fehlt, ist überall so! Der 'Wissende' muss schweigen, der Lehrer muss lügen. Oder er kommt ans Kreuz, auf den Scheiterhaufen, in die Witzblätter — je nach der Mode. Mikrogen! Mikrogen!»

Die beiden letzten Worte murmelte der Onkel nur für sich. Ich hätte sie nicht verstanden, wenn ich nicht den Namen „Mikrogen“ schon öfter von ihm gehört hätte. Es war seine neueste Erfindung.

Onkel Wendel hatte schon viele Erfindungen gemacht. Er machte eigentlich nichts als Erfindungen. Seine Wohnung war ein vollständiges Laboratorium, halb Alchymistenwerkstatt, halb modernes physikalisches Kabinett. Es war eine besondere Gunst, wenn er jemand gestattete einzutreten. Denn er hielt alle seine Entdeckungen geheim. Nur manchmal, wenn wir vertraulich beisammen saßen, lüftete er einen Zipfel des Schleiers, der über seinen Geheimnissen lag. Dann staunte ich über die Fülle seiner Kenntnisse, noch mehr über seine tiefe Einsicht in die wissenschaftlichen Methoden und ihre Tragweite, in die ganze Entwicklung des kulturellen Fortschritts. Aber er war nicht zu bewegen, mit seinen Ansichten hervorzutreten, und darum auch nicht mit seinen Entdeckungen, weil diese, wie er sagte, ohne seine neuen Theorien nicht zu verstehen seien. Ich habe selbst bei ihm gesehen, wie er aus anorganischen Stoffen auf künstlichem Wege das Eiweiß darstellte. Wenn ich in ihn drang, diese epochemachende Entdeckung, welche geeignet wäre, unsere sozialen Verhältnisse gänzlich umzugestalten, bekannt zu machen oder wenigstens zu fruktifizieren, so pflegte er zu sagen: «Habe nicht Lust, mich auslachen zu lassen, könnens doch nicht verstehn. Sind noch nicht reif, kein Anknüpfungspunkt, andere Welt, andere Welt! Tausend Jahre warten! Lasse die Leute streiten, einer weiß so wenig wie der andere.»

Jetzt hatte er das „Mikrogen“ entdeckt. Ich weiß nicht recht, war es ein Stoff oder ein Apparat; aber so viel habe ich begriffen, dass er dadurch imstande war, eine Verkleinerung sowohl der räumlichen als der zeitlichen Verhältnisse in beliebigem Maßstabe zu erzielen. Eine Verkleinerung nicht etwa bloß für das Auge, wie sie durch optische

Instrumente möglich ist, sondern für alle Sinne; die ganze Bewusstseinstätigkeit wurde verändert, so dass zwar qualitativ alle Empfindungsarten dieselben blieben, aber alle quantitativen Beziehungen verengt wurden. Er behauptete, er könne ein beliebiges Individuum und mit ihm dessen Anschauungswelt einschrumpfen lassen auf den millionsten, auf den billionsten Teil seiner Größe. Wie er das mache? Ja, dann lachte er wieder still für sich und brummte:

«Hm, nicht verstehen können — kann's euch nicht erklären — nützt euch doch nichts. Menschen bleiben Menschen, ob groß oder klein, sehen nicht über sich hinaus. Wozu erst streiten?»

«Wie kommst du jetzt auf das Mikrogen?» fragte ich ihn.

«Sehr einfach, lieber Neffe. Das Mikrogen ist für die heutige gelehrte Welt, was die Seifenblase für deinen Jungen ist. Vielleicht ein Spielzeug, jedoch zum Verständnis fehlt jeder Anhaltspunkt. Weil aber die Gelehrten keine Kinder sind und alles zu verstehen beanspruchen, würde es einen unendlichen Streit geben, wenn ich meine Lehre auskramen wollte. Gänzlich zwecklos, weit die Entscheidung über alle heutige Einsicht hinaus liegt. Würden mich auslachen — hm— Irrenhaus —»

«Ganz gleich,» rief ich, «die Wahrheit zu verkünden ist Pflicht, und wenn ich auch das Martyrium der Verkennung auf mich nehmen müsste. Nur auf diesem Wege sind die Fortschritte der Kultur errungen worden. Bringe deine Beweise.»

«Hm», sagte der Onkel, «wenn aber die Beweise niemand verstehen kann? Wenn wir zwei verschiedene Sprachen reden? Dann endet der Streit damit, dass die Minorität totgeschlagen wird, physisch oder moralisch. Habe keine Lust dazu.»

«Und trotzdem,» erwiderte ich stolz, «würde ich die Wahrheit bekennen, wenn ich die Beweise für mich in der Hand habe.»

«Vor Unmündigen und Blinden — wie? Möchtest du's probieren? Ja? Sieh dir mal das Ding an.»

Onkel Wendel zog einen kleinen Apparat aus der Tasche. Ich erkannte einige Glasröhrchen in Metallfassung, mit Schrauben und feiner Skala. Er hielt mir die Röhrchen unter die Nase und begann zu drehen, ich fühlte, dass ich etwas Ungewohntes einatmete.

«Ah, wie schön die da ist!» rief mein Knabe wieder, auf eine neue Seifenblase deutend, die langsam von der Fensterbrüstung herabschwebte.

«Nun sieh' dir mal die Seifenblase an,» sagte Onkel Wendel und drehte weiter.

Mir schien es, als ob sich die Seifenblase sichtlich vergrößerte. Ich kam ihr näher und näher. Das Fenster mit dem Knaben, der Tisch, vor dem wir saßen, die Bäume des Gartens entfernten sich, wurden immer undeutlicher. Nur Onkel Wendel blieb neben mir; sein Röhrchen hatte er in die Tasche gesteckt. Jetzt war unsere bisherige Umgebung verschwunden. Wie eine mattweiße, riesige Glocke dehnte sich der Himmel über uns, bis er sich am Horizont verlor. Wir standen aus der spiegelnden Fläche eines weiten, gefrorenen Sees. Das Eis war glatt und ohne Spalten; dennoch schien es in einer leise wallenden Bewegung zu sein. Undeutliche Gestalten erhoben sich hie und da über die Fläche.

«Was geht hier vor!» rief ich erschrocken. «Wo sind wir? Trägt uns auch das Eis?»

«Auf der Seifenblase sind wir,» sagte Onkel Wendel kaltblütig. «Was du für Eis hältst, ist die Oberfläche des zähen Wasserhäutchens, welches die Blase bildet. Weißt du, wie dick diese Schicht ist, auf der wir stehen? Nach menschlichem Maße gleich dem fünftausendsten Teile eines Zentimeters; fünfhundert solcher Schichten übereinandergelegt wurden erst einen Millimeter betragen.»

Unwillkürlich zog ich einen Fuß in die Höhe, als konnte ich mich dadurch leichter machen.

«Um Himmelswillen, Onkel,» rief ich, «treibe kein leichtsinniges Spiel! Sprichst du die Wahrheit?»

«Ganz gewiss. Aber fürchte nichts. Für deine jetzige Größe entspricht dieses Häutchen an Festigkeit einem Stahlpanzer von 200 Meter Dicke. Wir haben uns nämlich mit Hilfe des Mikrogens in allen unseren Verhältnissen im Maßstabe von Eins zu hundert Millionen verkleinert. Das macht, dass die Seifenblase, welche nach menschlichen Maßen einen Umfang von vierzig Millimetern besitzt, jetzt für uns gerade so groß ist, wie der Erdball für den Menschen.»

«Und wie groß sind wir selbst?» fragte ich zweifelnd. «Unsere Höhe beträgt den sechzigtausendsten Teil eines Millimeters. Auch mit dem schärfsten Mikroskop würde man uns nicht mehr entdecken.»

«Aber warum sehen wir nicht das Haus, den Garten, die Meinigen — die Erde überhaupt?»

«Sie sind unter unserm Horizont. Aber auch wenn die Erde für uns aufgehen wird, so wirst du doch nichts von ihr erkennen, als einen matten Schein, denn alle optischen Verhältnisse sind infolge unserer Kleinheit so verändert, dass wir zwar in unserer jetzigen Umgebung völlig klar sehen, aber von unserer früheren Welt, deren physikalische Grundlagen hundertmillionenmal größer sind, gänzlich geschieden leben. Du musst dich mit dem begnügen, was es auf der Seifenblase zu sehen gibt, und das ist genug.»

«Und ich wundere mich nur», fiel ich ein, «dass wir hier überhaupt etwas sehen, dass unsere Sinne unter den veränderten Verhältnissen ebenso wirken wie früher. Wir sind ja jetzt kleiner als die Länge einer Lichtwelle; die Moleküle und Atome müssen uns jetzt ganz anders beeinflussen.»

«Hm!» lachte Onkel Wendel in seiner Art. «Was sind denn Ätherwellen und Atome? Ausgeklügelte Maßstäbe sind's, berechnet von Menschen für Menschen. Jetzt machen wir uns klein, und alle Maßstäbe werden mit uns klein. Aber was hat das mit der Empfindung zu tun? Die Empfindung ist das Erste, das Gegebene; Licht, Schall und Druck bleiben unverändert für uns, denn sie sind Qualitäten. Aber die Quantitäten ändern sich, und wenn wir jetzt physikalische Messungen anstellen wollten, so würden wir die Ätherwellen auch hundertmillionenmal kleiner finden.»

Wir waren inzwischen auf der Seifenblase weitergewandert und an eine Stelle gekommen, wo durchsichtige Strahlen springbrunnenähnlich rings um uns in die Höhe schossen, als mich ein Gedanke durchzuckte, der mir vor Entsetzen das Blut in den Adern stocken ließ: Wenn die Seifenblase jetzt platzte! Wenn ich auf eines der entstehenden Wasserstäubchen gerissen wurde und Onkel Wendel mit seinem Mikrogen auf ein anderes! Wer sollte mich jemals wieder finden? Und was sollte aus mir werden, wenn ich in meiner Kleinheit von ein Sechzigtausendstel Millimeter mein Leben lang bleiben musste? Was war ich unter den Menschen? Gulliver in Brobdignak lässt sich gar nicht damit vergleichen, denn mich konnte überhaupt niemand sehen! Meine Frau, meine armen Kinder! Vielleicht sogen sie mich mit dem nächsten Atemzuge in ihre Lunge, und während sie meinen unerklärlichen Verlust beweinten, vegetierte ich als unsichtbare Bakterie in ihrem Blute!

«Schnell, Onkel, nur schnell!» rief ich. «Gib uns unsere Menschengröße wieder! Die Seifenblase muss ja sofort platzen! Ein Wunder, dass sie noch hält! Wie lange sind wir denn schon hier?»

«Keine Sorge,» sagte Onkel Wendel ungerührt, «die Blase dauert noch länger, als wir hier bleiben. Unser Zeitmaß hat sich zugleich mit uns verkleinert, und was du hier für eine Minute hältst, das ist nach irdischer Zeit erst der hundertmillionste Teil davon. Wenn die Seifenblase nur zehn Erdsekunden lang in der Luft fliegt, so macht dies für unsere jetzige Konstitution ein ganzes Menschenalter aus. Die Bewohner der Seifenblase freilich leben wieder noch hunderttausendmal schneller als gegenwärtig wir.»

«Wie, du willst doch nicht behaupten, dass die Seifenblase auch Bewohner habe?»

«Natürlich hat sie Bewohner, und zwar recht kultivierte. Nur verläuft ihre Zeit ungefähr zehnbillonenmal so schnell wie die menschliche, d. h. sie empfinden, sie leben zehnbillionenmal so rapid. Das bedeutet, drei Erdsekunden sind so viel wie eine Million Jahre aus der Seifenblase, wenn auch deren Bewohner den Begriff des Jahres in unserem Sinne nicht ausgebildet haben, weil ihre Seifenkugel keine regelmäßige und genügend schnelle Rotation besitzt. Wenn du nun bedenkst, dass diese Seifenblase, auf der wir uns befinden, vor mindestens sechs Sekunden entstand, so musst du zugeben, dass in diesen zwei Millionen Jahren sich schon ein ganz hübsches Leben und eine angemessene Zivilisation hierselbst entwickeln konnte. Wenigstens entspricht dies meinen Erfahrungen aus anderen Seifenblasen, welche alle in ihren Produkten die Familienähnlichkeit mit der Mutter Erde nicht verleugneten.»

«Aber wo sind diese Bewohner? Ich sehe hier wohl Gegenstände, die ich für Pflanzen halten möchte, und diese halbkugelförmigen Kuppeln könnten eine Stadt vorstellen. Doch etwas Menschenähnliches kann ich nicht entdecken.»

«Sehr natürlich. Unsere Empfindungsfähigkeit, wenn sie auch hundertmillionenmal so groß geworden ist, als die der Menschen, ist doch nach hunderttausendmal langsamer als die der Saponier (so wollen wir die Bewohner der Seifenblase nennen). Während wir jetzt eine Sekunde vergangen glauben, erleben sie 28 Stunden. In diesem Verhältnisse ist hier alles Leben beschleunigt. Betrachte nur diese Gewächse».

«Es ist richtig», sagte ich, «ich sehe deutlich, wie hier die Bäume — denn diese korallenartigen Bildungen sollen ja wohl Bäume sein — vor unseren Augen wachsen, blühen und Früchte zeitigen. Und dort scheint ein Haus gewissermaßen ans dem Boden zu wachsen.»

«Die Saponier bauen daran. In dieser Minute, während welcher nur zuschauen, beobachten wir den Erfolg von mehr als zweimonatlicher Arbeit. Die Arbeiter selbst sehen wir nicht, weit ihre Bewegungen viel zu schnell für unsere Wahrnehmungsfähigkeit verlaufen. Doch wir wollen uns bald helfen. Mittels des Mikrogens will ich unseren Zeitsinn aus das Hunderttausendfache verfeinern. Hier, rieche noch einmal. Unsere Größe bleibt dieselbe, ich habe nur die Zeitskala verstellt.»

Onkel Wendel brachte aufs neue sein Röhrchen hervor. Ich roch, und sofort fand ich mich in einer Stadt, umgeben von zahlreichen, rege beschäftigten Gestalten, die eine entschiedene Menschenähnlichkeit besaßen. Nur schienen sie mir alle etwas durchsichtig, was wohl von ihrem Ursprünge ans Glycerin und Seife herrühren mochte. Auch vernahmen wir ihre Stimmen, ohne dass ich jedoch ihre Sprache verstehen konnte. Die Pflanzen hatten ihre schnelle Veränderlichkeit verloren, wir waren jetzt in gleichen Wahrnehmungsverhältnissen zu ihnen wie die Saponier, oder wie wir Menschen zu den Organismen der Erde. Was uns vorher als Springbrunnenstrahlen erschienen war, erwies sich als die Blütenstengel einer schnell wachsenden hohen Grasart.

Auch die Bewohner der Seifenblase nahmen uns jetzt wahr und umringten uns unter vielen Fragen, welche offenbar Wissbegierde verrieten.

Die Verständigung fiel sehr schwer, weil ihre Gliedmaßen, welche eine gewisse Ähnlichkeit mit den Armen von Polypen besaßen, so seltsame Bewegungen ausführten, dass selbst die Gebärdensprache versagte. Indessen nahmen sie uns durchaus freundlich auf; sie hielten uns, wie wir später erfuhren, für Bewohner eines anderen Teiles ihres Globus, den sie noch nicht besucht hatten. Die Nahrung, welche sie uns anboten, hatte einen stark alkalischen Beigeschmack und mundete uns nicht besonders, mit der Zeit gewöhnten wir uns jedoch daran, nur empfanden wir es sehr unangenehm, dass es keine eigentlichen Getränke, sondern immer nur breiartige Suppen gab. Es war überhaupt auf diesem Weltkörper alles auf den zähen oder gallertartigen Aggregatzustand eingerichtet, und es war bewundernswert zu sehen, wie auch unter diesen veränderten Verhältnissen die Natur oder vielmehr die weltschöpferische Kraft des Lebens durch Anpassung die zweckvollsten Einrichtungen geschaffen hatte. Die Saponier waren wirklich intelligente Wesen. Speise, Atmung, Bewegung und Ruhe, die unentbehrlichen Bedürfnisse aller lebenden Geschöpfe, gaben uns die ersten Anhaltspunkte, Einzelnes aus ihrer Sprache zu verstehen und uns anzueignen.

Da man bereitwillig für unsere Bedürfnisse sorgte und Onkel Wendel versicherte, dass unsere Abwesenheit von zu Hause einen für irdische Verhältnisse verschwindenden Zeitraum nicht übersteigen könne, so ergriff ich mit Freuden die Gelegenheit, diese neue Welt näher kennen zu lernen. Ein Wechsel von Tag und Nacht fand zwar nicht statt, aber es folgten regelmäßige Ruhepausen auf die Arbeit, welche ungefähr unserer Tageseinteilung entsprachen. Wir beschäftigten uns eifrig mit der Erlernung der saponischen Sprache und versäumten nicht, die physikalischen Verhältnisse der Seifenblase, sowie die sozialen Einrichtungen der Saponier genau zu studieren. Zu letzterem Zwecke reisten wir nach der Hauptstadt, wo wir dem Oberhaupte des Staates, welches den Titel „Herr der Denkenden“ führt, vorgestellt wurden. Die Saponier nennen sich nämlich selbst die „Denkenden“, und das mit Recht, denn die Pflege der Wissenschaften steht bei ihnen in hohem Ansehen, und an den Streitigkeiten der Gelehrten nimmt die ganze Nation den regsten Anteil. Wir sollten darüber eine Erfahrung machen, die uns bald übel bekommen wäre.

Über die Resultate unserer Beobachtungen hatte ich sorgfältig Buch geführt und reiches Material angehäuft, welches ich nach meiner Rückkehr auf die Erde zu einer Kulturgeschichte der Seifenblase zu bearbeiten gedachte. Leider hatte ich einen Umstand außer acht gelassen. Bei unserer sehr plötzlich notwendig werdenden Wiedervergrößerung trug ich meine Aufzeichnungen nicht bei mir, und so geschah das Unglück, dass sie von den Wirkungen des Mikrogens ausgeschlossen wurden. Natürlich sind meine unersetzlichen Manuskripte nicht mehr zu finden; sie fliegen als unentdeckbares Stäubchen irgendwo umher und mit ihnen die Beweise meines Aufenthaltes auf der Seifenblase.

Wir mochten ungefähr zwei Jahre unter den Saponiern gelebt haben, als die Spannung zwischen den unter ihnen hauptsächlich vertretenen Lehrmeinungen einen besonders hohen Grad erreichte. Die Überlieferung der älteren Schule über die Beschaffenheit der Welt war nämlich durch einen höchst bedeutenden Naturforscher, Namens Glagli, energisch angegriffen worden, welchem die jüngere progressistische Richtung lebhaft beifiel. Man hatte daher, wie dies in solchen Fällen üblich ist, Glagli vor den Richterstuhl der „Akademie der Denkenden" gefordert, um zu entscheiden, ob seine Ideen und Entdeckungen im Interesse des Staates und der Ordnung zu dulden seien. Die Gegner Glaglis stützten sich besonders darauf, dass die neuen Lehren den alten und unumstößlichen Grundgesetzen der „Denkenden" widersprächen. Sie verlangten daher, dass Glagli entweder seine Lehre widerrufen oder der auf die Irrlehre gesetzten Strafe verfallen solle. Namentlich fanden sie folgende drei Punkte ans der Lehre Glaglis für irrtümlich und verderblich:

Erstens: Die Welt ist inwendig hohl, mit Luft gefüllt, und ihre Rinde ist nur dreihundert Ellen dick. Dagegen wendeten sie ein: Wäre der Boden, auf welchem sich die „Denkenden" bewegen, hohl, so würde er schon längst gebrochen sein. Es stehe aber in dem Buche des alten Weltweisen Emso (das ist der saponische Aristoteles): „Die Welt muss voll sein und wird nicht platzen in Ewigkeit".

Zweitens hatte Glagli behauptet: Die Wett besteht nur aus zwei Grundelementen, Fett und Alkali, welche die einzigen Stoffe überhaupt sind und seit Ewigkeit existieren; aus ihnen habe sich die Welt auf mechanischem Wege entwickelt, auch könne es niemals etwas anderes geben, als was aus Fett und Alkali zusammengesetzt sei; die Luft sei eine Ausschwitzung dieser Elemente. Hiergegen erklärte man, nicht bloß Fett und Alkali, sondern auch Glycerin und Wasser seien Elemente; dieselben könnten unmöglich von selbst in Kugelgestalt gekommen sein; namentlich aber stehe in der ältesten Urkunde der Denkenden: „Die Welt ist geblasen durch den Mund eines Riesen, welcher heißt Rudipudi."

Drittens lehrte Glagli: Die Welt sei nicht die einzige Welt, sondern es gäbe noch unendlich viele Welten, welche alle Hohlkugeln aus Fett und Alkali seien und frei in der Luft schwebten. Auf ihnen wohnten ebenfalls denkende Wesen. Diese These wurde nicht bloß als irrtümlich, sondern als staatsgefährlich bezeichnet, indem man sagte: Gäbe es noch andere Welten, welche wir nicht kennen, so würde sie der „Herr der Denkenden“ nicht beherrschen. Es steht aber im Staatsgrundgesetze: „Wenn da Einer sagt, es gäbe etwas, das dem Herrn der Denkenden nicht gehorcht, den soll man in Glycerin sieden, bis er weich wird.“

In der Versammlung erhob sich Glagli zur Verteidigung; er machte besonders geltend, dass die Lehre, die Welt sei voll, derjenigen widerspräche, dass sie geblasen sei, und er fragte, wo denn der Niese Rudipudi gestanden haben solle, wenn es keine anderen Welten gäbe. Die Akademiker der alten Schule hatten trotz ihrer Gelehrsamkeit einen harten Stand gegen diese Gründe, und Glagli hätte seine beiden ersten Thesen durchgesetzt, wenn nicht die dritte ihn verdächtig gemacht hätte. Aber die politische Anrüchigkeit derselben war zu offenbar, und selbst Glaglis Freunde wagten nicht, für ihn in dieser Hinsicht einzutreten, weil die Behauptung, dass es noch andere Welten gäbe, als eine reichsfeindliche und antinationale betrachtet wurde. Da nun Glagli durchaus nicht widerrufen wollte, so neigte sich die Majorität der Akademie gegen ihn, und schon schleppten seine eifrigsten Gegner Kessel mit Glycerin herbei, um ihn zu sieden, bis er weich sei.

Als ich all das grundlose Gerede für und wider anhören musste und doch sicher war, dass ich mich auf einer Seifenblase befand, die mein Söhnchen vor etwa sechs Sekunden ans dem Gartenfenster meiner Wohnung mittelst eines Strohhalmes geblasen hatte, und als ich sah, dass es in diesem Streite doppelt falscher Meinungen einem ehrlich nachdenkenden Wesen ans Leben gehen sollte — denn das Weichsieden ist für einen Saponier immerhin lebensgefährlich — so konnte ich mich nicht länger zurückhalten, sondern sprang auf und bat um’s Wort.

«Begehe keinen Unsinn,» flüsterte Onkel Wendel, sich an mich drängend. «Redest dich ins Unglück! Verstehen's ja doch nicht! Wirst ja sehen! Sei still!»

Aber ich ließ mich mich stören, sondern begann: «Meine Herren Denkenden! Gestatten Sie mir einige Bemerkungen, da ich tatsächlich in der Lage bin, über Ursprung und Beschaffenheit Ihrer Welt Auskunft zu geben.»

Hier entstand ein allgemeines Murren: «Was? Wie? Ihrer Welt? Haben Sie vielleicht eine andere? Hört! Hört! Der Wilde, der Barbar! Er weiß, wie die Wett entstanden ist.»

«Wie die Welt entstanden ist,» fuhr ich mit erhabener Stimme fort, «kann niemand wissen, weder Sie noch ich. Denn die „Denkenden" sind so gut wie wir beide nur ein winziges Fünkchen des unendlichen Geistes, der sich in unendlichen Gestalten verkörpert. Aber wie das verschwindende Stückchen Welt, auf dem wir stehen, entstanden ist, das kann ich Ihnen sagen. Ihre Welt ist in der Tat hohl und mit Luft gefüllt, und ihre Schale ist nicht dicker, als Herr Glagli angibt. Sie wird allerdings einmal platzen, aber darüber können noch Millionen Ihrer Jahre vergehen. (Lautes Bravo der Glaglianer.) Es ist auch richtig, dass es noch viele bewohnte Welten gibt, nur sind es nicht lauter Hohlkugeln, sondern viel millionenmal größere Steinmassen, bewohnt von Wesen wie ich. Und Fett und Alkali sind weder die einzigen, nach sind sie überhaupt Elemente, sondern es sind komplizierte Stoffe, die nur zufällig für diese Ihre kleine Seifenblasenwelt eine Rolle spielen.»

«Seifenblasenwelt?» Ein Sturm des Unwillens erhob sich von allen Seiten.

«Ja,» rief ich mutig, ohne auf Onkel Wendels Zerren und Zupfen zu achten, «ja, Ihre Welt ist weiter nichts als eine Seifenblase, die der Mund meines kleinen Söhnchens mittelst eines Strohhalms geblasen hat und die der Finger eines Kindes im nächsten Augenblicke zerdrücken kann. Freilich ist, gegen diese Welt gehalten, mein Kind ein Riese —»

«Unerhört! Blasphemie! Wahnsinn!» schallte es durcheinander, und Tintenfässer flogen um meinen Kopf. «Er ist verrückt! Die Welt soll eine Seifenblase sein? Sein Sohn soll sie geblasen haben! Er gibt sich als Vater des Weltschöpfers aus! Steinigt ihn! Siedet ihn!»

«Der Wahrheit die Ehre!» schrie ich. «Beide Parteien haben Unrecht. Die Welt hat mein Sohn nicht geschaffen, er hat nur diese Kugel geblasen, innerhalb der Welt, nach den Gesetzen, die uns allen übergeordnet sind. Er weiß nichts von Euch, und Ihr könnt nichts wissen von unserer Welt. Ich bin ein Mensch, ich bin hundertmillionenmal so groß und zehnbillionenmal so alt als Ihr! Lasst Glagli los! Was streitet Ihr um Dinge, die Ihr nicht entscheiden könnt?»

«Nieder mit Glagli! Nieder mit dem „Menschen"! Wir werden ja sehen, ob Du die Welt mit dem kleinen Finger zerdrücken kannst! Ruf' doch Dein Söhnchen!» So raste es um mich her, während man Glagli und mich nach dem Bottich mit siedendem Glycerin hinzerrte.

Sengende Glut strömte mir entgegen. Vergebens setzte ich mich zur Wehr. «Hinein mit ihm!» schrie die Menge. «Wir werden ja sehen, wer zuerst platzt!»

Heiße Dämpfe umhüllten, ein brennender Schmerz durchzuckte mich und —

Ich saß neben Onkel Wendel am Gartentische. Die Seifenblase schwebte noch an derselben Stelle.

«Was war das?» fragte ich erstaunt und erschüttert.

«Eine hunderttausendstel Sekunde! Auf der Erde hat sich noch nichts verändert. Hab' noch rechtzeitig meine Skala verschoben, hätten Dich sonst in Glycerin gesotten. Hm? Soll ich noch die Entdeckung des Mikrogens veröffentlichen? Wie? Meinst jetzt, dass sie Dir's glauben werden? Erklär's ihnen doch!»

Onkel Wendel lachte, und die Seifenblase zerplatzte. Mein Söhnchen blies eine neue.

Apoikis

Motto: „Im Schoße der Götter“

Tristan da Cunha, 28. Dezember 1881

Verehrter Freund!

Fernab vom Wege des Weltverkehrs, im südlichen Teil des Atlantischen Ozeans schreibe ich Ihnen heute auf einsamer Berginsel, wo ich der siebenundachtzigste Bewohner bin, und der achtundachtzigste wohl sobald nicht ankommen wird, und ich täte vielleicht besser, hier zu bleiben und ein beschauliches Einsiedlerleben zu führen, als aus der Gemeinschaft seliger Götter, die ich vor wenigen Tagen verlassen, wieder in das Barbarentum Europas zurückzukehren, das meine Berichte verlachen wird. Ach, hätten Sie einmal den Fuß in das Seelenschiff gesetzt, einmal vom ambrosischen Tisch gegessen und, wie ich, wenigstens einen Blick in das intelligible Paradies geworfen! Sie würden gleich mir zwischen stolzer Wonne und unstillbarer Sehnsucht nach dem Unerreichbaren schwanken. Doch Ihnen mit Ihrem zeitlichen Bewusstsein muss man ja in historischer Ordnung erzählen, wenn Sie hören sollen.

Der Einladung Lord Lyttons folgend, hatte ich, wie Sie wissen, die Archäologie für einige Monate beurlaubt und mich ganz der Reiselaune unseres generösen Freundes anvertraut. Wir schwammen auf seiner Dampf-Jacht *Moonshine* unter der Obhut des wackeren Kapitäns Clynch bei prächtigem Wetter in dem einsamen, selten besuchten südlichen Teile des Atlantik. Am 11. Dezember 1881, mittags um 12 Uhr, als wir unter 28 Grad 34 Minuten westlicher Länge (von Greenwich) und 39 Grad 56 Minuten südlicher Breite uns gerade zum Frühstück setzen wollten, wurde uns die Nähe von Eisbergen gemeldet. Bald tauchten nicht nur einzelne helle Massen, sondern eine meilenlange, hohe, weißglänzende Mauer vor unseren Blicken auf — das seltsame Phänomen musste untersucht werden. Während sich der *Moonshine* in sicherer Entfernung hielt, ruderten vier kräftige Matrosen den Arzt des Schiffes, Mr. Gilwald, und mich nach den glitzernden Kolossen hin. Je näher wir dem Gebirge kamen, umso mehr bemerkten wir zu unserem Erstaunen, dass wir es gar nicht mit schwimmenden Eismassen, sondern mit dem steilen Felsenstrande einer Insel zu tun hatten. Ein tief eingeschnittener Fjord eröffnete unserem Boote eine Einfahrt, und es gelang uns einen passenden Platz zum Anlegen zu finden. Und nun überzeugten wir uns zu unserer Überraschung, dass das vermeintliche Eis nichts anderes war als eine Felsenwand von riesigen Kalkspat-Kristallen, die allerdings aus der Ferne mit ihren Reflexen im Sonnenlichte Eisbergen täuschend ähnlich sahen. Hierin lag jedenfalls der Grund, weshalb an dieser Meeresstelle auf der Karte zwar die Beobachtung von Eisbergen, aber nichts von einer Insel verzeichnet war. Ich begann die Felswand, deren Höhe etwa hundert Meter betragen mochte, hinaufzuklettern, da die vorspringenden Kristalle das Unternehmen nicht sehr schwierig machten.

Kaum hatte ich den oberen Rand erreicht und einen Blick hinüber geworfen, als ich wie bezaubert stehen blieb, unfähig vor Erstaunen und Bewunderung mich zu rühren. Die Felswand fiel, einem Riesenwalle ähnlich, zuerst steil ab, dann aber ging sie in ein hügeliges Gelände über, das im blühenden Grün eines reichen Pflanzenschmuckes prangend sich allmählich zu einer stillen Meeresbucht herabsenkte. Hinter der Bucht erhoben sich neue Hügel, auf denen zwischen dem Grün der Lorbeer- und Olivenbäume die glänzend weißen Häuser und Paläste einer ausgedehnten Stadt aufstiegen, alles überragt von jenem Wunderbau der Akropolis, wie er einst die Stadt der Pallas Athene geschmückt hatte. Auf diesem entzückenden landschaftlichen Hintergrunde spielte sich das regste Leben ab; auf dem Meere Fahrzeuge von seltsamer Gestalt und Menschen, die über das Wasser zu huschen schienen, am Ufer eine zahlreiche Menge in lebhafter Bewegung, aber in Trachten und Formen, wie ich sie noch nie beobachtet hatte.

Nach den ersten Augenblicken regungslosen Hinstarrens suchte ich mich zu besinnen. Meinen Gefährten zuzurufen getraute ich mich nicht, weil ich noch gar nicht an die Wirklichkeit des Gesehenen glaubte. Wie sollte diese bunte Welt, die einerseits entschieden an das griechische Altertum mahnte, andererseits aber wieder einen unbeschreiblichen, mit nichts vergleichbaren Eindruck des Märchenhaften machte, wie sollte diese Welt in die Öde des Atlantischen Ozeans kommen? Während ich solcher Frage nachhängend auf das seltsame Treiben zu meinen Füßen starrte, mochte ich wohl langsam auf dem Felsenwall fortgegangen sein, denn ich befand mich plötzlich vor einer zwar steilen, jedoch gangbaren Treppe, welche von der Höhe nach den Hügeln hinabführte. Jetzt begann ich doch zu zweifeln, ob ich mich ohne meine Gefährten in dieses unbekannte Reich wagen sollte, aber ehe ich noch mit mir einig wurde, tauchte ein Einwohner des Landes vor mir auf, der mich durch eine Handbewegung einlud, die Stufen hinabzusteigen.

Dieser Aufforderung musste ich Folge leisten – warum, das hätte ich nicht angeben können, aber die Einladung war zwingend wie der Wink einer Gottheit. Ich kann auch das Gefühl, das ich hatte, als ich gegen meine kurz vorher gehegte Absicht nun unbedingt und doch willig dem Unbekannten nachgab, mit nichts anderem vergleichen als mit der Stimme des Gewissens, das uns zu einer Handlung treibt ohne Wahl, es mag unsere Reflexion sagen, was sie will. Der Bewohner des Landes, der einen leichten Mantel von einem goldglänzenden Stoffe über einem dichtanliegenden Untergewand trug, war von kleiner Statur, aber edler Haltung, eine Waffe konnte ich an ihm nicht bemerken; stolzen Ganges schritt er voran, während ich, gleichwie im Traume, machtlos ihm nachwandelte. Als wir an das Ufer der Meeresbucht gelangt waren, wendete er sich nach mir um (dass ich ihm gefolgt war, schien er mit absoluter Sicherheit zu wissen, denn er hatte sich während des zehn Minuten langen Weges nicht um mich bekümmert) und richtete eine Frage an mich. Die Sprache klang mir im ersten Augenblicke fremd, und ich hätte ihn vielleicht nicht verstanden, wenn nicht der hellenische Gesamt-Charakter unserer Umgebung plötzlich den Gedanken in mir hätte aufleuchten lassen: Das ist griechisch. Und als er seine Frage wiederholte, verstand ich sie auch, nur die ungewohnte Aussprache hatte mich stutzig gemacht. Er fragte mich, aus welchem Lande ich stamme und wie ich auf diese Insel gekommen sei, auch ob ich wüsste, welche Stadt vor meinen Augen läge. Es schien mir, dass er wohl keine Antwort auf seine Fragen erwartete, sondern sie nur gestellt hatte, um sich von meinem Barbarentum zu überzeugen; denn als ich nach bestem Vermögen in klassischem Griechisch, freilich in ihm offenbar befremdlicher, aber doch verständlicher Aussprache Antwort gab, nahmen seine Mienen den Ausdruck freudigen Erstaunens an.

Er wurde plötzlich freundlich, reichte mir die Hand und sagte: «Willkommen in Apoikis, wer du auch seist; die Sprache der Hellenen bewahrt dir die Freiheit.» Darauf nahm er vom Uferrande ein paar eigentümlich geformte Schuhe, die er mir reichte, während er ein gleiches Paar an seinen Füßen befestigte und damit aufs Wasser hinaustrat, als sei es festes Land. Ich stand natürlich höchst verdutzt da, unwissend was ich beginnen sollte, etwa wie ein Feuerländer, dem man ein Opernglas reicht mit der Bitte, sich zu bedienen. Der Apoikier lächelte und erklärte mir den Gebrauch der Anthydors, wie er die Schuhe nannte. Ich muss gestehen, dass ich ihn nicht ganz verstand, und ich kam mir immer mehr barbarisch diesem zivilisierten Hellenen gegenüber vor. Doch ersah ich so viel, dass die Sohlen, welche aus

Metallstreifen zusammengesetzt waren, bei der Berührung mit dem Wasser dasselbe unter lebhaftem Aufbrausen so stark zersetzten, dass ein Einsinken unmöglich wurde. Ich fasste Mut, legte die Anthydors an und bewegte mich, von meinem Führer gestützt, zu Fuße über das Wasser, nicht ohne Bangen und Beschämung ob meiner Unkenntnis. Ach, mein Stolz auf die europäische Kultur des neunzehnten Jahrhunderts sollte bald noch tiefer, ganz tief sinken. Ich sah jetzt, dass gleich uns viele andere über das Wasser gemütlich fortschritten, ich sah aber zugleich in ihren Händen Instrumente und rings um mich, auf dem Wasser, an den Ufern und an den Häusern Vorrichtungen aller Art, die mir gänzlich fremd waren. Ein Wilder, der eine unserer europäischen Hauptstädte betritt, kann vor alten Erfindungen der Neuzeit nicht dümmer stehen, als ich vor den Kunstwerken von Apoikis.

Mein Führer bog aus einer Straße auf einen weiten Platz ein, als plötzlich aus dem uns umgebenden Gewühl von Menschen ein Mann, in ähnlicher Kleidung wie mein Begleiter, hervorstürzte und mir ungestüm um den Hals fiel. «Ehbert», rief er auf deutsch, «wie kommst Du nach Apoikis?» Mein Führer trat nicht ohne Ehrerbietung vor dem Herangekommenen zurück, während ich mich kurze Zeit besinnen musste, wen ich vor mir habe. Denn das ungewohnte Kostüm befremdete mich. Dann erkannte ich zu meiner freudigsten Überraschung — nun raten Sie — unseren lieben Studienfreund Philandros, mit dem wir im Sommer 1872 so herzerhebende Stunden in Heidelberg verlebten. Jetzt war ich geborgen. Philandros erklärte sich zu meinem Gastfreunde — er ist hier eine höchst angesehene Persönlichkeit – und führte mich in sein Haus. Meine stürmischen Fragen beantwortete unser Freund mit seinem stillen, olympischen Lächeln, das Sie an ihm kennen.

«Mit der Zeit», sagte er, «sollst Du erfahren, so viel Du vermagst; nur halte Dich maßvoll, willst Du bestehen. Wir sind nicht wie ihr an die sinnliche Welt der Erscheinung gebunden — doch ich merke, dass Du augenblicklich von einem phänomenalen Hunger gequält wirst.»

Er stellte mich seiner Gattin vor, einer graziösen, in Violett und Gold gekleideten Dame, die ich in dem Verdacht habe, dass sie bei meinem Anblicke das Lachen nur mit Mühe unterdrückte. In der Tat mochte mein Erstaunen über meine Umgebung bewirken, dass ich noch einfältiger aussah, als ich bin. Sie führte mich indes durch einen freundlichen Wink in ein weites Gemach, das als Speisekammer, Küche und Esszimmer zugleich diente.

«Bei uns gibt es keine Bedienung», sagte sie, «jeder bereitet seine Nahrung selbst.»

Eine zweite Handbewegung wies mich auf die Vorräte an den Wänden hin, die ich nicht kannte, auf die Geräte, deren Gebrauch ich nicht verstand — ich zuckte die Achseln, und Frau Lissara lächelte nun wirklich, nur ein klein wenig, aber ich sah es doch. Philandros nahm einige Früchte und Fleischstücke, legte sie in eine Schale und goss eine Flüssigkeit darüber, die er Diapetton nannte, und die Berührung mit derselben vollbrachte in einer halben Minute die Wirkung eines trefflichen Bratofens. Vor mir stand ein garniertes Filet, dessen Genuss mir nicht nur vorzüglich mundete, sondern auch meine Seele in eine erhöhte Stimmung versetzte, mich von jeder Müdigkeit befreite und mir die Lust erweckte, einige der schwierigsten philosophischen Probleme zu lösen, wie man etwa bei uns zum Nachtisch Nüsse knackt. Frau Lissara fragte mich, was die europäischen Damen für Ansichten über die Identität des ethischen und logischen Noumenons hätten, und ob meine Frau die Transzendenz oder die Immanenz des Gefühles vorzöge; und sie schlug die Hände über dem Kopfe zusammen, als ich ihr sagte, dass bei uns weder Ethik noch Logik in der Mädchenerziehung eine Rolle spielten.

«Auch nicht im Leben?» fragte sie.

Ihr Gatte ersparte mir die Verlegenheit der Antwort, indem er sich bereit erklärte, mir einige Aufhellung über die Verhältnisse von Apoikis zu geben. Was ich von seinen Ausführungen verstand, kann ich Ihnen nur ganz kurz skizzieren, so weit es überhaupt im Rahmen unserer Begriffe möglich ist.

Nach der Hinrichtung des Sokrates (399 vor Christi Geburt) verließ bekanntlich eine Anzahl seiner persönlichen Freunde, Gesinnungsgenossen und Schüler Athen. Gleich ihrem Meister erkannten sie, dass, nachdem der naive Glaube an die Unerschütterlichkeit der Volkssitte einmal gestört war, nicht das Zurückgehen auf das Alte, sondern nur die Erneuerung der Sitte von innen heraus zu helfen vermöge, dass aus dem Eingehen in das Bewusstsein des Einzelnen und die Berechtigung der freien persönlichen Überzeugung der Fortschritt von engherziger nationaler Starrheit zu edlem Menschentum geschehen müsse. In der Absicht, an noch unbesiedelter Küste, sei es in Spanien oder in Afrika, ein selbständiges Staatswesen zu gründen, welches nach den Grundsätzen ihrer Erkenntnis verwaltet sich vollständig frei entwickeln sollte, rüstete ein begütertes Brüderpaar, Chairephon und Chairekrates, von Megara aus, wohin sie sich, wie bekanntlich auch Platon, zunächst begeben hatten, eine Anzahl von Schiffen, die mit allem versehen wurden, was zur Gründung einer Kolonie gehörte. Jedoch sollte diese Ansiedlung sich möglichst unabhängig stellen und nur auf ihre eigene Kraft bauen. Ein eigentümliches Geschick wollte es, dass hier in der Tat die Pflanzstätte eines neuen Menschentums gelegt wurde, denn nachdem die Expedition die Reede von Megara verlassen, hat kein Mensch auf dem Erdenrund mehr eine Kunde von ihr erhalten; die Ausgewanderten selbst und ihre Nachkommen sind von jedem Verkehr und Einflüsse anderer Menschen und Völker abgeschnitten gewesen. Ich bin der erste, dem es gestattet ist, Kunde von jenen erhabenen Wesen nach Europa zu bringen, auf das sie mitleidig herabsehen.

Durch Stürme über die Säulen des Herkules hinausgetrieben, wurde die Expedition nach wochenlangen Gefahren bis an jene Felseninsel verschlagen, wo heute Apoikis steht. Hier fand sie Rettung. Der Fjord, in welchen auch unser Boot eingefahren war, windet sich weiterhin rückwärts und bildet das versteckte Binnenmeer, an dessen blühenden Ufern die Stadt Apoikis gegründet wurde. Das Land im Innern der Insel, sobald man die hohen Kalkspatmauern, die sie umgeben, überstiegen hatte, erwies sich als außerordentlich fruchtbar, das Klima milde und angenehm. Eine Bevölkerung von 7000 bis 8000 Seelen findet hier reichliche Nahrung, bei sehr geringer Arbeit. Eine größere Zahl von Einwohnern aber hat Apoikis niemals erreicht. Denn, wie mein Gastfreund sagte, das Glück eines Volkes besteht nicht in der möglichst großen Menge von einzelnen Zentren des Bewusstseins, sondern in der intensiven und gleichmäßigen Konzentration des Bewusstseins in jedem einzelnen Individuum.

Als ich ihn fragte, ob denn Apoikis nie an Übervölkerung leiden könne, da lächelte er und sprach: «Das kann ich Dir schwer erklären. Wenn Du die ganze Entwicklung unseres Kulturzustandes kenntest und die Tiefe unserer sittlichen Weltauffassung zu begreifen vermöchtest, dann würdest du einsehen, dass Deine Frage zu jenen unberechtigten gehört, wie z. B.: warum die Welt existiert, ob die Seele im Gehirn sitzt, ob die Tugend blau oder grün ist.»

— «Erzähle nur unsere Geschichte weiter», warf Frau Lissara ein. —

«Als wir hierher kamen», fuhr Philandros fort, «Schüler des Sokrates und Freunde des Platon, mit den Versen des Sophokles auf den Lippen und vor den Augen die Erinnerung an die Bilder des Phidias, im Herzen die Lehren des weisesten der Menschen, als wir hier ein sorgenloses Leben fanden, da bildeten wir eine kleine, aber glückliche Gemeinde philosophischer Seelen, und frei von jeder Nötigung, äußeren Gefahren entgegenzutreten, richteten wir alle Kraft auf die harmonische Ausgestaltung unseres inneren Lebens, Vertiefung des Denkens, Erziehung des Willens, maßvollen Genuss heiterer Sinnlichkeit. Zwei volle Jahrtausende verflossen, ohne dass ein Segel am Horizonte von Apoikis aufgetaucht wäre. In dieser Zeit haben wir unter Bedingungen, wie sie die menschenerfüllte Erde keinem Volke bieten kann, einer ungestörten, fortschreitenden Entwicklung uns erfreut. Was wir indessen erreichten, das könnt Ihr nie und nimmer gewinnen, auch wenn Eure Kultur im gleichen Maße, wie in dem letzten Jahrhundert, noch ein paar Jahrtausende emporstiege, denn Ihr steht auf ganz anderen historischen Grundlagen als wir. Hunderte von Millionen wollen glücklich werden, dazu müsst Ihr erst das Leben in mühseligem Kampfe erstreiten und dann in hundert Millionen Herzen das Gefühl maßvoller Bescheidung wecken; das letztere könnt Ihr vielleicht erreichen durch eine Religion, welche die Gemüter fortreißt. Aber leben müsst Ihr doch. Und wie Ihr gestellt seid, so kann die Linderung des äußeren Elendes auch nur erreicht werden durch äußere Arbeit, und darum geht alle Eure Kultur nur auf Machtentwicklung der Menschheit. Sie muss darauf gehen, weil Ihr das Leben nicht anders zu bezwingen vermögt. Die unsere aber verachtet und kann verachten die ungemessene Höhe, auf welche der Mensch durch Bezwingung der äußeren Kräfte der Natur gelangen kann. Denn sie hat erreicht die Tiefe, in welcher das Bewusstsein die Welt der Erfahrungen gestaltet und in welcher ihr alles andere von selbst zufällt.

Ihr seht nur das Zifferblatt der großen Weltenuhr und studiert den Gang der Zeiger; wir aber blicken in das Räderwerk und auf die treibende Feder, die wir selbst sind, und verstehen das Werk zu rücken. Euch trifft damit kein Vorwurf, Ihr konntet nicht anders vorwärtsschreiten, denn wo Ihr es versuchtet, die Welt zu verachten und das Glück ans dem Innern zu gewinnen, da riss Euch immer die hungernde Masse in den Zwang der Wirklichkeit, ehe Ihr mit dein Bewusstsein der Gesamtheit in das Idealreich zu dringen vermochtet. Ihr konntet die äußere Macht nicht entbehren. Um sie zu gewinnen, musstet Ihr die Natur, die Ihr verachten wolltet, wieder in Eure Rechnung aufnehmen; Ihr musstet beobachten und sammeln und nur durch Erfahrung könnt Ihr die Kenntnis gewinnen, die Euch mächtig macht. Und darin müsst Ihr fortfahren, Ihr habt kein anderes Mittel, denn Euer Denken ist nicht anders fähig, die Welt zu erkennen. Sie ist Euch nur zugänglich in Raum und Zeit und Notwendigkeit, und so müsst Ihr gehorchen.

Wir aber bedurften zwei Jahrtausende lang nichts von der Natur, als was sie uns von selbst schenkte. Hier gab es keine darbende und unwissende Menge, keine habgierige und übermütige Gesellschaft, keine Herren und Sklaven, sondern nur eine bescheidene Anzahl gleichmäßig harmonisch durchgebildeter, sich selbst beschränkender Menschen. Wir bedurften keiner Teilung der Arbeit und keiner Fachkenntnisse, wir begnügten uns mit dem, was jeder verstehen konnte. Und so kamen wir auf einem ganz anderen Wege als Ihr zur Kultur, die Ihr bei uns erblickt, und zu Erfindungen und Bequemlichkeiten, die Ihr nicht kennt. Jetzt freilich seht Ihr hier Prachtbauten und tausenderlei Verfeinerungen, aber jeder macht nur freiwillig, was er gerade kann und will, und wir sind jetzt so weit in der Kultur des Bewusstseins, dass jeder den Gesamt-Zusammenhang und sich selbst begreift, dass Pflicht und Wunsch in des Apoikiers Seele nicht mehr getrennt bestehen. Wir sind nicht Sklaven der Sitte, wie die Naturvölker, nicht Herren der äußeren Natur, wie die gesitteten Nationen Europas, wir sind nur Herren von uns selbst, Herren unseres Willens, Herren des Bewusstseins überhaupt, und darum sind wir frei. Uns stört keine Sorge um darbende Völker, noch um eigennützige Tyrannen, wir haben keine Gesetze, denn jeder trägt das Gesetz in sich selbst. Wir haben keine Naturwissenschaft und keine Industrie in Eurem Sinne, wir brauchen der Natur keine Geheimnisse abzulauschen und ihre Kräfte nicht in unseren Dienst zu zwingen. Die Entwicklung unseres Geistes, frei von dem Druck der europäischen Millionen, ging einen andern Weg. Bei uns folgte auf Platon kein Aristoteles, keine Scholastik, kein Dogmatismus, so brauchten wir keinen Galilei, keinen Newton, keinen Darwin. Wir hatten keine Römerherrschaft, keine Völkerwanderung, kein Feudalsystem, so brauchten wir keine Revolution. Zu der Zeit, da Achaja römische Provinz wurde, da lehrte man bei uns, was Euch Kant und Schiller offenbarten. Als die christlichen Märtyrer in den Gärten Neros brannten, da emanzipierte sich unser Denken von den Schranken der Sinnlichkeit und lernte seine Bedingungen im Absoluten kennen.

Als in Euren Klosterschulen die spärlichen Reste der Neuplatoniker studiert wurden, da hatte man bei uns die Metaphysik als eine empirische Wissenschaft begründet. Und während Eure Metaphysiker sich luftige Wolkenbauten im unbeschränkten Reich der Träume errichteten, da hatten wir die inneren Wesensbedingungen des Bewusstseins erfasst und das Geheimnis der Schöpferkraft uns angeeignet. Was Ihr nun messend und wägend und rechnend an Entdeckungen und Erfindungen der Natur abringt, das schaffen wir, nachdem sich unser Verstand aus seinen Fesseln befreit und in Intuitivkraft gewandelt hat, aus unserem eigenen Selbst in freier Wahl. In unserer Welt besteht kein Gegensatz von Zwang und Freiheit. Wollen, Sollen und Können sind nicht mehr getrennt. Und das haben wir errungen durch die alleinige Pflege des wollenden, fühlenden und denkenden Bewusstseins. Ihr konntet es nicht, denn Ihr musstet Völker ernähren und Kriege führen.

In den äußeren Formen haben wir die Überlieferungen unserer Vorfahren festgehalten, so weit sie uns passend erschienen; schönere haben wir bei Euch nirgends gefunden. Seit den letzten beiden Jahrhunderten, in denen, wenn auch selten, sich hie und da Schiffe in unseren Gewässern zeigten, haben wir uns auch um die Geschichte der übrigen Menschheit gekümmert. Wir senden alle zehn Jahre einen Erwählten nach Europa, die Zeitverhältnisse zu studieren. Ich war der Letzte, der drüben war, und dabei lernten wir uns kennen. Wir verschweigen die Existenz unseres Staates, denn wir würden nicht verstanden werden und wollen nicht gestört sein.»

«Und fürchtet Ihr nicht», fragte ich, «dass Europäer Euch entdecken, dass sie Eure kleine Insel in Besitz nehmen und Eure Freiheit unterdrücken?»

Mein Freund lächelte wieder.

«Ich sehe», sagte er, «Du hast unser Wesen noch immer nicht begriffen. Frage Dich doch, konntest Du dem Winke des Apoikiers widerstehen, der Dich zur Stadt führte? So wenig, als der Ehrliche das Unrecht zu wollen vermag. Deine Gefährten haben wir aufgegriffen, das Schiff selbst vorläufig weggenommen, um zum Vergnügen der Einwohner, welche die Stadt nicht verlassen, ihnen die fremden Barbaren zu zeigen. Wir werden Euch wieder freigeben, Ihr mögt nach Europa zurückkehren. Wir werden wollen, dass Deinen Gefährten jede Erinnerung an dieses Land verschwindet; keiner wird imstande sein zu erzählen, dass er unsere Insel gesehen. Du allein magst eine Ausnahme machen. Du bist nicht Gefangener, sondern Gastfreund. Dich soll nichts binden; aber ich sage Dir im voraus, dass Dir niemand glauben wird. Aber auch dies möge sein; lass' die Kriegsflotte Englands vor unserer Insel auffahren, lass' die Armeen Europas auf unseren Kalkspatwällen stehen — wir werden wollen, und kraft des Zusammenhanges alles Bewusstseins im Absoluten werden die Kommandierenden keinen anderen Befehl auszusprechen vermögen als den des Rückzuges.»

Ich mochte wohl ein sehr dummes Gesicht zu diesen Worten machen, denn mein Freund fuhr fort: «Ich sehe wohl, Du kannst das Gesagte nicht fassen. Es ist dies ebenso, als wolltest Du einem Indianerstamm klar machen, dass er nie die Weißen Männer aus Amerika vertreiben könne, weil die moralische Macht der Zivilisation die Besetzung jenes Erdteils unumgänglich erzwingt. Du kannst ihn nur überzeugen durch die physische Macht, indem Du auf die Zahl der Kanonen und Gewehre hinweist. Du bist uns gegenüber in dem unzureichenden Fassungsvermögen des Indianers, so will ich auch Deine Sprache reden. Wenige Minuten genügen, um unsere Insel mit einem Strome freien Äthers zu umziehen. Kein Körper kann diesen Strom durchdringen, in Atome aufgelöst, wird er fortgewirbelt werden. Granate und Panzerschiff verschwinden in ihm wie der Strohhalm in der Flamme.»

Ich schwieg. Das Mahl war zu Ende. Mein Freund führte mich durch die Stadt. Was ich staunend sah und erlebte, hoffe ich Ihnen mündlich zu erzählen, wie die Fahrt auf dem Seelenschiff, die psychische Schaukel, das Begriffsspiel und zahlloses andere. Im Hafen sah ich das große submarine Eilschiff, welches alle zehn Jahre unter der Oberfläche des Wassers nach Europa führt. Die treibende Kraft ist auch hier die chemische Zersetzung des Wassers, diese selbst aber wird durch Ätherströme bewirkt; der nähere Mechanismus ist mir nicht bekannt. Zu Fahrten in der Nähe der Insel werden dreireihige Ruderboote gebraucht, die genau nach dem Muster der athenischen Trieren gebaut sind. Man betreibt diese Ruderfahrten als einen Sport. Dann führte mich mein Freund in das Haus, in welchem meine gefangenen Gefährten untergebracht waren. Man hatte es europäisch eingerichtet, aber die eine Seite offen gelassen, dort standen die Apoikier in dichten Scharen und amüsierten sich über unsere Leute, wie wir uns über die Feuerländer im zoologischen Garten amüsiert hatten. Und eben so verblüfft und verständnislos wie jene Wilden waren hier die Europäer. Lord Lytton las in einer alten Nummer des *Standard*, Capitän Clynch trank Grog, Dr. Gilwald mikroskopierte ein hier gefangenes, unbekanntes Insekt. Ein Apoikier warf ihm ein kleines Rohr zu, Gilwald hielt es vor das Auge und an das Ohr, und da er nichts damit anzufangen wusste, warf er es fort unter dem Gelächter der Apoikier. Es war ein Noumenalrohr, das, auf den Nacken gelegt, die Raumvorstellung aufhebt und das intelligible All-Eins empfinden lässt.

Die Abschiedsstunde nahte. Lord Lytton wollte nach seiner Entlassung seine Reise nach dem südlichen Eismeer fortsetzen, ich aber bat, meine schnelle Rückreise nach Europa zu ermöglichen. Man lud mich ein, eine Triere zu besteigen, schlank und schön, wie sie schmucker kein Nauarch in des Perikles Zeit aus dem Piräus geführt hat. Sie hieß der *Odysseus* und trug das Bild des Dulders aus

Parasemeion am Borderteil, in lebensvoller Schönheit in Holz geschnitzt. So mochte der verschlagene Mann auf der meerumflossenen Ogygia, dem Eilande der Kalypso, gesessen sein, wenn er, die Augen mit der Hand beschattend, sehnsüchtig über das Meer hinausblickte und die unnahbare Ferne suchte. Und wie die Phäaken den Odysseus an Ithakas Strand, so setzten mich die Apoikier schlafend auf Tristan da Cunhas Küste aus und legten ihre Gastgeschenke neben mich: einen goldenen Syllogismusbecher mit Urteils-Würfeln und die am Feuer der Götterinsel versengten Flügel meiner Psyche. Als ich erwachte, standen zwei nach Tran duftende Walfischjäger vor mir und versetzten mich durch einen Schluck aus der Rumflasche in die Welt der Sinne zurück, in welcher Sie wehmütig grüßt

Ihr R. Ehbert.

Aladdins Wunderlampe

Wir hatten uns nach dem Abendessen um den runden Tisch in der gemütlichen Ecke gesetzt, und der Professor Alander bot mir seine Zigarren an, während unsere Frauen ihre Handarbeiten auswickelten.

«Und was würden Sie wählen?» sagte er, das Gespräch fortsetzend, zu meiner Frau, «die Tarnkappe, oder den Mantel des Dr. Faust, oder den unerschöpflichen Beutel Fortunats, oder den Apfel vom Baum des Lebens, oder —»

«Den Mantel natürlich, den Mantel», rief meine Frau. «Dann könnte man doch einmal sich satt reisen —»

«Und zu den Mahlzeiten wieder zu Hause sein»; fiel Alanders junge Gattin lächelnd ein. «Das wäre ja ganz nach Deinem Geschmack, Georg.»

«Still!» drohte Alander. «Du nimmst Dir doch die Tarnkappe — überall dabei sein und unsichtbar zuschauen, das ist so etwas für unsere Frauen. Und Sie» — wendete er sich zu mir — «als Hypochonder, mit dem gefährlichen Druck bald rechts und bald links, bekommen den heilsamen Apfel, da bleibt für mich das große Portemonnaie, und das ist mir gerade recht.»

«Ihre Aufzählung von Zauber-Requisiten war sehr unvollständig», entgegnete ich. «Mit diesen beschränkten Dualitäten bin ich nicht zufrieden. Wenn ich einmal in den Hexenschatz greifen könnte, so wählte ich irgend ein Mittel, wodurch mir jeder Wunsch erfüllt würde—» «Um Himmelswillen, was würden Sie da für Unfug anrichten», unterbrach mich Frau Alander und rückte ein Stück zur Seite; «dann sitze ich nicht mehr neben Ihnen —»

«Dann würde ich mir's eben wünschen müssen», sagte ich und hob ihr das herabgefallene Zwirnknäuel auf. «Und das

Knäuel —»

«Ließen Sie natürlich liegen —»

«Und wärst der unglücklichste Mensch der Welt, dem jede Laune erfüllt wird und der keine Wünsche mehr hat», bemerkte meine Frau.

«Das sehe ich nicht ein. Denn erstens könnte ich ja jede etwaige Torheit wieder reparieren, und zweitens —»

«Könnten Sie sich ja vorher den nötigen Verstand wünschen», meinte Alander trocken.

«Erlauben Sie», sagte ich. «Ich meine das Ding nicht so, dass jeder flüchtige Gedanke mir gleich zur Tat werden sollte; nein, ich würde mir einen Apparat wählen, der erst nach einer gewissen Überlegung benützt werden kann, der mir etwa einen gewaltigen, aber doch nicht allmächtigen Geist dienstbar machte — dadurch schon wäre eine wohltätige Einschränkung gegeben — ich will einmal sagen, Aladdins Wunderlampe.»

«Und dann?» fragte unsere liebenswürdige Wirtin.

«Dann stellte ich Ihnen meinen Geist zur Verfügung.»

«Sie meinen hoffentlich den Geist der Lampe. Gut, so wollen wir uns einen hübschen Wunsch überlegen.»

Alander lächelte still für sich und nahm von seinem Schreibtische einen Gegenstand, den er auf den Tisch stellte. Es war eine kleine antike Lampe von Kupfer mit seltsamen Verzierungen.

«Die Lampe ist da», sagte er, «ich bitte um den Geist.»

«Was haben Sie da für ein seltenes Stück?» rief meine Frau, nach der Lampe greifend. «Das habe ich ja noch nie bei Ihnen gesehen.»

«Es ist heute erst für das Museum zum Kauf angeboten worden; ich hatte selbst noch nicht Zeit zur näheren Untersuchung.»

«Und woher stammt die Lampe?»

«Man hat sie im Tigris gefunden, daran ist kein Zweifel, die Belege sind sicher.»

Wir betrachteten die Lampe, die meine Frau in der Hand hielt.

«Im Tigris gefunden?» sagte sie. «Daran lag ja doch wohl Bagdad, und in Bagdad —»

«Stand Aladdins Palast.»

«Aber die Lampe ist offenbar viel älter und nicht arabischen Ursprungs.»

«Das beweist nichts», sagte ich. «Aladdin entnahm die Lampe bekanntlich im Auftrage des afrikanischen Zauberers einem unterirdischen Gemache, wo sie vielleicht schon viele Jahrhunderte gebrannt hatte.»

«Na, da wollen wir doch gleich einmal daran reiben!» rief Alanders lebhaftes Frauchen und griff nach der Lampe.

«Was fällt Dir ein, Helene!» unterbrach sie der Professor entrüstet. «Die schöne Patina! Du würdest die ganze Lampe entwerten!»

Frau Alander warf das Köpfchen in die Höhe und griff wieder nach ihrer Arbeit.

«Was nützt mir Aladdins Wunderlampe, wenn man sie nicht reiben darf!»

Ich hob das Zwirnknäuel zum zweitenmal auf und wollte eben noch ein Wort zu Gunsten des Reibungsversuches einlegen, als meine Frau ausrief:

«Aber da unten steht eine Inschrift, sehen Sie!»

Wir wandten uns wieder der Lampe zu.

«Es ist arabisch», sagte der Professor. Er holte eine Lupe und zündete ein Licht an.

«Wenn es doch Aladdins Lampe wäre!» rief Frau Alander. «Dann wird sie gerieben trotz Patina!»

Sie klopfte energisch mit der Häkelnadel aus den Tisch. Das Knäuel fiel hinab.

«Ist der Geist sehr schrecklich, wenn er erscheint?»

«Das kommt darauf an, wie stark man reibt», sagte ich, mich bückend. «Gewöhnlich erscheint er in einer Wolke an der Decke; aber ich kann ihm ja befehlen, gleich unter den Tisch zu kriechen, denn Ihr erster Auftrag würde doch wohl sein, dieses Knäuel ...»

«Würden Sie sich fürchten?» fragte sie meine Frau.

«Aber Du tust wahrhaftig», sagte Alander über die Inschrift gebeugt, «als wenn es je einen Aladdin und einen Sklaven der Lampe gegeben hätte. Man muss doch den Unsinn nicht übertreiben.»

«O bitte», rief ich, «da sind Sie noch sehr in der Kultur zurück, werter Freund! Es ist wahr, bis vor kurzem hielt man die überlieferten Märchen und Geistergeschichten für Produkte der Volksphantasie und für Erdichtungen, so gut wie die Wundertaten der Heiligen als mythische Ausschmückungen frommer Verehrung galten, oder die Heilungen im Asklepios-Tempel für Schwindel habgieriger Priester. Aber seitdem wir eine 'transzendentale' Psychologie haben, eine Gesellschaft für übersinnliche Experimente und eine Wissenschaft der Mystik — seitdem Hellseher, Geister-Zitationen und Doppelgängerei als unwiderlegbare Tatsachen festgestellt sind, seitdem weiß man auch, dass Menschen wirklich mit ihrem transzendentalen Astralleibe durch die Luft fahren können, und dass Asklepios einer Frau den Kopf wieder angeheilt hat, den man ihr abgeschnitten hatte, um einen Wurm bequemer aus dem Leibe ziehen zu können. Alles, was Altertum und Mittelalter von Wunderdingen und Hexereien erzählen, ist fälschlich für Poesie oder Aberglauben gehalten worden; man weiß jetzt, dass es sich um wissenschaftlich erklärbare Tatsachen handelte. Odysseus ist wirklich im Hades gewesen und Dante von Virgil durch die Hölle geführt worden. Der heilige Antonius hat gleichzeitig in Montpellier gepredigt und in seinem Kloster das Hallelujah gesungen. So gut wie ein arabischer Scheich den Kalifen durch Verkürzung der Zeitanschauung, indem er ihn den Kopf in einen Eimer Wasser stecken ließ, tatsächlich viele Jahre des Elends durchleben ließ, so gut wird auch die Erzählung von Aladdins Wunderlampe sich als wahr bestätigen. Man muss sich nur die Mühe geben, die Wirkung und Macht des an die Lampe gebannten Geistes durch die Methode der Transzendental-Psychologie zu erklären.»

Alander richtete sich von seiner Beschäftigung auf; er hatte offenbar den letzten Teil meiner Rede gar nicht mehr gehört.

«Seltsam», sagte er. «Wissen Sie was hier steht? Ganz deutlich ist zu lesen: «Aladdin aus Bagdad»: dahinter, ungefähr dem Sinne nach: «Versuche kein Gläubiger, was Allah hier verborgen!»

Wir schwiegen, unwillkürlich betroffen.

«Die Schrift ist alt», fuhr Alander fort, «im zwölften oder dreizehnten Jahrhundert eingeritzt. Höchst interessant, wahrscheinlich nur ein Zufall — Aladdins hat es in Bagdad Tausende gegeben — denkbar aber wäre ja eine Beziehung auf das Märchen, und dann läge darin ein Beweis, dass der Ursprung desselben sehr viel älter ist, als die uns vorliegende ägyptische Fassung. Ein Scherz also, den man schon damals sich gemacht – vielleicht der Versuch eines Betrügers, die Lampe als Wunderstückchen an den Mann zu bringen — jedenfalls höchst interessant.»

«So sollten wir doch einmal versuchen —»

«Aber Helene, ich bitte Dich!»

«Hier unser Freund behauptet, die Sache ließe sich erklären —»

Alander lachte.

«Nun, die Erklärung können wir uns ja einmal anhören. Schießen Sie los, Märchenphilosoph.»

«Zunächst behaupte ich, dass die Geschichte von Aladdin und der Wunderlampe kein frei erfundenes Märchen ist, sondern auf einer Tatsache des mystischen Lebens beruht. Natürlich nicht in allen Einzelheiten. An Ausschmückungen mag es nicht fehlen. Aber der Kern der Sache scheint mir dieser. Ein afrikanischer Zauberer, sagt die Erzählung, erfährt von dem Vorhandensein einer Wunderlampe, welche die Eigenschaft hat, dass an ihren Besitz der Gehorsam eines mächtigen Geistes geknüpft ist. Um sie zu erreichen bedarf er der Hand eines Knaben; durch einen Zufall bleibt der Knabe im Besitze der Lampe und gewinnt dadurch Macht und Reichtum. Im Lichte der Wissenschaft stellt sich die Sache folgendermaßen: Der Zauberer aus Afrika ist ein Mann, welcher Kenntnis der Hieroglyphen besitzt und aus einem aufgefundenen Papyros das Geheimnis der Lampe erfahren hat. Die Fundamental-Frage ist nun diese: 1. Ist es möglich, dass es Geister gibt, welche Dinge auszurichten vermögen, die den uns bekannten Naturgesetzen scheinbar widersprechen? 2. Ist es möglich, dass der Wille dieser Geister an den Besitz eines einfachen Gerätes, wie dieser Lampe, gebunden ist? Ich wende mich zu der ersten Tatsache. Erfahrungsmäßig beglaubigt ist sie durch die Ansicht des Altertums und des Mittelalters im Orient wie Okzident. Zahllose Zeugnisse der Schriftsteller sprechen dafür. Nur die Zweifelsucht des Aufklärungs-Zeitalters hat den materialistisch angehauchten Teil der modernen Welt dazu gebracht, sich auf die bloß sinnliche Erfahrung zu beschränken, jeden übersinnlichen Einfluss zu leugnen. Aber Demokrit, Plato, Aristoteles, Epikur, Seneca, Plinius, Plotin, die Kirchenväter, Avicenna, Albert der Große, Thomas von Aquino, Paracelsus, Luther, Cardano, Kepler, Helmont, Swedenborg, Schopenhauer und Carlos v. Prellheim, die größten Geister aller Zeiten, sind von der Wirkungsmacht der übersinnlichen Welt überzeugt gewesen. Die Tatsache ist also erwiesen. Auf Grund der übersinnlichen Weltanschauung ist sie unschwer zu erklären. Es wäre lächerlich zu behaupten, dass es nicht außerhalb der Menschheit noch andere bewusste Geister geben sollte, die aber, mit anderen Sinnen ausgerüstet, nur bedingungsweise mit uns in Verkehr treten können. Solche Geister sind unabhängig, zwar nicht von den Gesetzen der Natur, aber von der Art, wie diese Gesetze unseren Sinnen in der Erfahrung erscheinen. Sie können also Wirkungsmittel zu ihrer Verfügung haben, die uns noch vollständig unbekannt sind, denen wir gegenüberstehen wie die Wilden dem Fernrohr, der Dampfmaschine, dem Telephon. So gut wie wir Schallschwingungen durch Umwandlung in elektrische Energie an einen entfernten Ort versetzen, könnten sie Materie von einem Ort an den andern übertragen. Denn was wir Stoff nennen, ist nichts anderes, als eine besondere Form der Äther-Energie. Hier dieser Körper, dieses Metall, dieser

Muskel, dieser Nerv werden in einer fortgeschrittenen Zukunft in elektrische Schwingungen umgewandelt und fortgeleitet werden, so dass sie an einem beliebigen Orte wieder zum Vorschein kommen. Diese Geister können bereits jetzt, was wir in Jahrtausenden selbst können werden. Was tut denn der Geist der Lampe? Er bringt Speisen, Schätze, Sklaven, er versetzt den Bräutigam der Kalifentochter in der Brautnacht an einen nicht näher zu bezeichnenden Ort, wo er ihn auf den Kopf stellt; er erbaut in einer Nacht einen Palast und transloziert ihn nach Afrika und zurück. Das alles lässt sich wissenschaftlich erklären durch das einfache Prinzip der Telephone der Materie. Dieses Prinzip erscheint uns nur wunderbar, weil es noch ungewohnt ist; aber neu ist ja nur die Geschwindigkeit der Übertragung. Auch wir bauen Paläste und verrücken Stadtviertel; dass der Geist in kurzer Zeit durch große Distanzen wirkt, ist nur ein quantitativer Unterschied. Dafür steht er auf einem höheren Kulturstandpunkte. Dies erklärt auch, dass er Menschen zu versetzen vermag. Er ist mit der Abtrennung des transzentendalen Bewusstseins vertraut und organisiert schnell einen zweiten Körper, das Phantom, welches er an einem andern Orte erscheinen lässt. Dieses Verfahren ist unter dem Namen Majava-Rupa in Indien seit den ältesten Zeiten bekannt. Die Möglichkeit der scheinbaren Zaubereien des Geistes ist also erwiesen.»

«Aber —»

«Bitte. Schwieriger ist die zweite Frage. Woher stammt der Geist, und wie kann sein Wille an den Besitz der Lampe gebunden sein? Ich muss gestehen, ich bin zu sehr Neuling in der Transzendental-Psychologie, um mit Sicherheit das Richtige zu treffen; andere werden bessere Erklärungen geben können. Ich denke mir die Sache folgendermaßen: Die Individuen des Geisterreiches bilden eine ethische Gemeinschaft; es wird daher auch die Notwendigkeit einer Bestrafung eintreten können. So wie sich das transzendentale Ich einen menschlichen Körper organisiert, um seine Erfahrung durch die irdische Inkarnation zu erweitern, und während dessen an die Gesetze des sinnlichen Organismus gebunden ist, so wird ein ethisch unreifer Geist auch zur Strafe an ein Kunstprodukt, einen Ring, eine Lampe gefesselt werden können. Denn Gerätschaften sind Organ-Projektionen, das heißt nichts anderes, als Organisationen zweiter Ordnung; daher ist die Strafe für den Geist eine härtere. Außer seinem Astralleib hat er jetzt nicht, wie wir, einen Eiweißleib, sondern einen Metallleib. Das Reiben der Lampe entspricht genau dem sogenannten magnetischen Streichen beim Hypnotisieren. Das transzendentale Bewusstsein wird dadurch frei, sein Wille aber ist von dem des Magnetiseurs abhängig. Ich erinnere an die bekannten Erscheinungen der Suggestion, wobei man dem Hypnotisierten jede beliebige Vorstellung beibringen und ihn zu jeder Handlung bestimmen kann. Es wäre ein Mangel an logischer Konsequenz, wollte man nicht auch dem an die Lampe gebundenen Transzendental-Bewusstsein die Fähigkeit zusprechen, durch Streichen von seinem Leibe befreit zu werden; es ist dann ganz selbstverständlich, dass der Hypnotiseur der Lampe den Geist nach seinem eigenen Willen lenken kann. Ich erkläre also mit voller Bestimmtheit und aus meiner wissenschaftlichen Überzeugung: Aladdins Sklave der Lampe hat existiert und seine erstaunlichen Taten verrichtet. Wenn seine Strafzeit nicht schon beendet, so ist er noch jetzt an die Lampe gebunden. Und wenn diese Lampe vor uns, wie mir zweifellos scheint, die echte Lampe Aladdins ist, so bin ich bereit, empirisch zu erweisen, dass der Geist auch mir gehorchen muss.»

«Sehr schön demonstriert!» rief Alander belustigt. «Das könnte wörtlich in der *Sphinx* stehen. Wenn ich nur sicher wäre, dass mir der Geist auch die abgeriebene Patina wieder 'reorganisieren' kann.»

«Schade», sagte meine Frau, «es war mir so nett zu denken, dass dies die Lampe Aladdins sei. Aber nachdem Du die Sache philosophisch bewiesen hast, bin ich überzeugt, dass kein Wort davon wahr ist.»

«Das tut mir leid. Dir fehlt das Organ des wissenschaftlichen Glaubens. Aber Sie, Frau Alander, Sie sind ein Sonntagskind, Sie werden an dem Geiste der Lampe nicht zweifeln.»

«Wissen Sie», sagte Frau Alander, «wenn ich ganz offen sein soll, Ihre gelehrte Rede habe ich noch nicht ganz verstanden; die müsste ich erst einmal gedruckt lesen. Ich sage ganz einfach, wenn die Geschichte wahr wäre, so hätte der Zauberer die Lampe sich selber geholt und wäre nicht erst auf Aladdin verfallen.»

«O weh! Ich glaubte, ich hätte so schön populär gesprochen! Ihr Einwand ist übrigens gar nicht stichhaltig, denn bei allen mystischen Operationen bedarf es erfahrungsgemäß eines Mediums, und jedenfalls hatte sich der Zauberer überzeugt, dass Aladdin dazu geeignet sei. Auch das Anzünden von Räucherwerk auf der Steinplatte vor dem Eingänge spricht dafür, dass Aladdin in somnambulem Zustande handelte. Wie hätte er auch sonst drei Tage zu hungern vermocht?»

«Was ist aber aus der Lampe nach Aladdins Tode geworden?»

«Er wird sie vorher selbst, um Missbrauch zu verhüten, in den Tigris geworfen haben.»

«Und wie erklären Sie dann überhaupt die Existenz des unterirdischen Gewölbes und die Aufstellung der Lampe daselbst?» fragte Alander.

Diese Frage setzte mich etwas in Verlegenheit. Ich hob daher erst zum sechstenmale das Zwirnknäuel meiner fleißigen Nachbarin auf und sagte dann:

«Ich könnte mich darauf berufen, dass wir hier eine historische Tatsache einfach hinzunehmen haben. Aber auch vom theoretischen Standpunkte ist doch klar: So gut wie eine Pflanze zu ihrer Entwicklung einen geeigneten Nährboden haben muss, so gut wie ein transzendentaler Geist nicht aus der freien Luft sich seinen Körper organisieren kann, sondern des Mutterschoßes bedarf, ebensogut kann auch der Metallleib des Lampengeistes nur in der geeigneten Umgebung erzeugt werden. Vermutlich befand sich dort eine transzendentale Goldschmiede, wofür auch das Vorhandensein der Edelsteinfrüchte spricht. Der ägyptische Papyros, aus welchem der sogenannte Zauberer seine Kenntnis entnahm, war vielleicht eine durch Hellsehen hergestellte geologische Karte des Altertums.»

«Sie sind nicht zu widerlegen», lachte Alander, noch immer ungläubig. «Ich will also hier diese schon etwas beschädigte Stelle Ihrem Experimente preisgeben. Nun bin ich doch neugierig, wie Sie den Geist hervorzaubern werden.»

«Das ist brav! Das ist herrlich!» riefen die Frauen wie aus einem Munde.

Ich stellte die Lampe vor mich auf den Tisch. Feierlich näherte ich ihr meine Hand. Alle verhielten sich still. Es wurde mir doch etwas ängstlich zu Mute. Ist's nicht ein Frevel, das Jenseits zu versuchen, den Isisschleier des Geisterreichs zu lüften? Und setzte ich nicht die Anwesenden einer unbekannten Gefahr aus? Aber es galt eine wissenschaftliche Theorie zu bestätigen, es musste sein! Und wenn der Versuch misslang? Wenn der Geist seine Strafzeit abgebüßt und seine leere Hülle zurückgelassen hatte? So war doch wenigstens dies konstatiert. Ich sah die Augen der Frauen erwartungsvoll auf die Lampe gerichtet. Auch ihnen war es unheimlich. Nur Alander rauchte unerschütterlich.

«Nicht zu stark», flüsterte seine Frau.

Ich strich mit dem Finger leise über die Lampe, zweimal, dreimal; ich verstärkte den Druck. Ich nahm die ganze Hand zu Hilfe. Der Geist erschien nicht.

«Meine Patina!» rief Alander.

«Sie haben die Sitzung unterbrochen! Gedulden Sie sich noch!»

«Vielleicht muss sie angezündet sein», bemerkte meine Frau.

«Davon steht nichts in der Geschichte. Aber vielleicht muss man sie in der Hand halten.»

«Geben Sie her», rief Frau Alander, die wieder Mut bekommen hatte, «ich will einmal tüchtig scheuern, wie Aladdins Mutter!»

«Nicht Sie!»

Schnell ergriff ich die Lampe, zumal sich auch Alander ihrer bemächtigen wollte. Ich hielt sie in der Linken und fuhr rasch ein paarmal mit der Rechten darüber.

«Hören Sie nichts?»

«Nein» — «Ja» — «Doch» —

Kein Zweifel, ans der Lampe drang ein knarrendes Geräusch.

«Der Geist scheint eingerostet», spottete Alander.

«Pst! Ruhig! Eine Stimme tönt aus der Lampe!»

Es wurde mäuschenstill im Zimmer. Wir wagten nicht zu atmen. Das Blut stockte in unseren Adern. Alander beugte sich weit vor.

«Der Kerl spricht arabisch», sagte er.

«Geist der Lampe, sprich deutsch!» rief ich feierlich.

Leise, aber deutlich vernehmbar klang es aus der Lampe:

«Ich bin der Sklave der Lampe und bereit, zu gehorchen allen, welche Herren der Lampe sind.»

«Wo bist Du, Geist?»

«In der Lampe.»

«Warum zeigst Du Dich nicht?»

«Ich darf nicht. Sobald ich mich für alle menschlichen Sinne im Raume objektiviere, bin ich den Gesetzen der Natur und der Gesellschaft unterworfen, welche zur Zeit gelten. Da es im modernen Staate keine Sklaverei gibt, so würde ich nach meiner Inkarnation frei sein. Es ist mir daher geboten, mich nur akustisch zu materialisieren.»

«Wie? So schreitet auch das Geisterreich fort?»

«Auch wir sind dem Gesetze der Anpassung und Entwicklung unterworfen.»

«Und kannst Du noch meine Befehle erfüllen?»

«Alles, was Du befiehlst, kann ich tun, so weit es nicht den Naturgesetzen widerspricht.»

«So wünschen Sie», sagte ich leise.

Die Frauen schwiegen und sahen sich an. Alander kam ihnen zuvor.

«Hören Sie, Ihr Geist scheint mir bedenklich zivilisiert.

Wir wollen gleich sehen, ob er echt ist. Lassen Sie ihn doch einmal 300 000 Mark in Gold auf den Tisch legen.»

«Sklave der Lampe», rief ich, «bringe 300 000 Mark in Gold!»

«Das kann ich nicht, Herr», erwiderte der Geist, «das widerspricht den Gesetzen.»

«Wieso?»

«Alles gemünzte Gold gehört irgendwem als Eigentum. Ich darf es niemand wegnehmen.»

«So schaffe ungemünztes!»

«Das kann ich nicht, das wäre gegen das Gesetz von der unveränderlichen Erhaltung des Stoffes.»

«Hole es ans der Erde!»

«Das kann ich nicht. Dazu bedarf es mehr mechanischer Arbeit, als in meinem gegenwärtigen Körper angehäuft ist. Das wäre gegen den Satz von der Erhaltung der Energie.»

«Elender Sklave», rief ich, «warum konntest Du es Aladdin bringen?»

«Damals wusste man noch nichts von der Erhaltung des Stoffes und der Energie.»

«Wie, Du willst doch nicht behaupten, dass diese Naturgesetze damals nicht in Geltung waren?»

«Die Naturgesetze», antwortete der Geist, «sind nichts anderes als der Ausdruck des wissenschaftlichen Bewusstseins einer bestimmten Zeit. In meinem transzendentalen Bewusstsein bin ich davon unabhängig; aber in meiner Tätigkeit in der Zeit, in Eurer Zeit, darf ich die Bedingungen nicht durchbrechen, welche die Grundpfeiler der modernen Kultur sind. Wir können zu der unkritischen Weltanschauung einer entschwundenen Epoche nicht zurückkehren.»

«Ihr Geist ist doch ein braver Kerl», sagte Alander. «Er ist zehnmal gescheiter als Ihr Transzendental-Psychologen. Fragen Sie ihn einmal nach etwas, was die Zukunft erst entdecken wird.»

«Sklave der Lampe, worauf beruht die Schwerkraft der Körper?»

«Das kann ich Dir nicht sagen. Es wäre gegen das Gesetz

der kontinuierlichen Entwicklung der mathematischen Naturwissenschaften, wenn es heute ein Mensch schon wüsste.»

«Ein verteufelter Schlaukopf! Lassen Sie ihn laufen!»

«Nicht doch», riefen die Frauen, «Wir wollen auch etwas wünschen!»

«Ich bitte darum», sagte ich ziemlich deprimiert, «wenn es nur etwas nützt!»

«Sag' ihm, er solle uns jetzt alle vier an den Golf von Neapel versetzen.»

«Du hörst, Sklave, was meine Frau befiehlt — gehorche!»

«O Herr, das ist gegen die Gesetze der Mechanik!»

«So bringe uns in somnambulen Zustand und führe unsere Astralleiber dahin!»

«Früher konnte ich alles tun, weil man alles für möglich hielt. Jetzt kann ich den Astralleib nur bei solchen Menschen abtrennen, welche dazu nervös disponiert sind. Von den geehrten Anwesenden ist aber niemand mediumistisch veranlagt.»

Meine Frau zuckte mit den Schultern und sagte:

«Ich dachte mir schon, dass es wieder nichts sein würde. Ich soll nicht nach Italien kommen!»

Ich war innerlich wütend über den degenerierten Geist und wünschte, die Lampe niemals angerührt zu haben. Ich seufzte.

Alander rieb sich schmunzelnd die Hände und sagte:

«Der Geist scheint Ihnen schlecht zu bekommen. Sie sehen schon ganz schwach aus; hätten Sie nur lieber den Apfel des Lebens gewühlt! Nun, Helene, jetzt bist Du an der Reihe, vielleicht gelingt Dir's besser.»

Frau Alander stützte den Arm auf den Tisch und zupfte nachdenklich an ihren Stirnlöckchen.

«Ich weiß gar nicht recht, was ich mir wünschen soll», sagte sie. «Nach Italien kann uns der Geist nicht bringen, aber er wird uns noch halbtot ärgern. Kann er uns vielleicht ein Universalmittel verschaffen?»

«Sklave, bring ein Lebenselixir!»

«Herr, das gibt es nicht. Heutzutage hat man nur Spezialisten.»

«Wünschen Sie etwas anderes, Frau Professor? Ich bedaure sehr —»

«Je nun», sagte sie und griff wieder nach ihrer Handarbeit, «ich bin eigentlich ganz zufrieden und brauche im Augenblick weiter nichts.»

Das Zwirnknäuel fiel unter den Tisch.

«Ei», rief meine Nachbarin weiter, «so wünschte ich doch, dass das Knäuel nicht mehr hinunterfallen kann!»

«Sklave», sagte ich, «du hast gehört, gehorche!»

«Herr», antwortete der Geist kläglich, «ich kann es nicht bewirken, es wäre gegen die Fallgesetze Galileis und gegen die Naturgeschichte der weiblichen Handarbeiten.»

«Zum Teufel!» rief ich ärgerlich, «was kannst Du denn eigentlich, fauler Bursche?»

«Alles, was nicht gegen ein Gesetz verstößt, das durch das Bewusstsein der Zeit verbürgt ist. Aber mir ist bestimmt, ich solle erlöst sein, sobald mein Herr keinen Wunsch mehr zu nennen weiß, bei dessen Gewährung ich nicht durch mein Eingreifen den Kausalzusammenhang der Welt zerstören würde.»

«Nun denn», sagte ich resigniert, «so hebe wenigstens das Knäuel auf, das wird ja doch wohl gegen kein Gesetz verstoßen.»

«Verzeiht mir, Herr, auch das ist mir nicht möglich.»

«Und warum nicht?»

«Nach den Gesetzen des Universums, deren Notwendigkeit die moderne Wissenschaft voraussieht, ist Deinen Muskeln bestimmt, heute abend durch Beugen Deines Rumpfes 916,11 Meter-Kilogramm Arbeit zu leisten. Wenn ich Dir hiervon auch nur fünf Prozent abnähme, so würde ein Überschuss von Energie in Dir angespeichert werden, welcher sich in Gehirntätigkeit umsetzen und einen transzendental-psychologischen Artikel erzeugen würde; denn hierzu genügt schon ein Minimum von Energie. Dadurch würden zwar sechsundzwanzig Leser veranlasst werden das betreffende Blatt abzubestellen; einer aber würde es so eifrig lesen, dass er dabei entschlafend dem Lichte zu nahe käme. Es entstünde ein Hausbrand, welcher sich einem ganzen Stadtviertel mitteilte; ein Arsenal flöge in die Luft; die Explosion würde den Anziehungsmittelpunkt der Erde um den tausendsten Teil eines Millimeters verschieben; dadurch aber würde die Erde um zwei Millionen Jahre zu früh in die Sonne stürzen. Du siehst also, dass es mir unmöglich ist, das Knäuel aufzuheben.»

«O, weiser Geist!» rief ich; «wir sind Deiner nicht wert — Du bist entlassen!»

Ich setzte die Lampe auf den Tisch. Ein Lichtschein schoss daraus hervor und verlor sich als leichte Wolke an der Decke. Wenigstens schien es mir so.

Aus der Ferne tönte es leise: «Dank, Dank für die Erlösung nach dreitausendjähriger Haft! Zur transzendentalen Freiheit flieh' ich aus dem Zeitalter der Notwendigkeit! Es fällt kein Knäuel vom Tische, durch dessen Sturz nicht das Weltall zittert!»

Ich hob das Knäuel auf und legte es neben die Lampe. Es rollte wieder hinab.

«Sie können sich als Bauchredner hören lassen», sagte der Professor.

Solche Leute sind nicht zu überzeugen.

Die entflohene Blume

Eine Geschichte vom Mars

«Was fehlt dir denn, mein Dukchen?», sagte die kleine Ha. «Willst du mehr Sonne haben, oder soll ich dir ein Wölkchen vorziehen?»

Ha sprach nicht zu einem anderen Kinde oder zu ihrer Puppe, sondern zu einer Pflanze, die mit dunkelroten Blättern und zwei radförmigen Blüten, größer als Ha's Kopf, in ihrem Zimmer stand. Diese Pflanze hieß Dukchen. Sie wiegte die Stiele ihrer Blätter und Blüten anmutig hin und her und ließ dabei sangartige Töne vernehmen. Und nun verstand Ha, was die Blume ausdrücken wollte.

Dukchen und das kleine Mädchen wohnten nämlich nicht auf der Erde, sondern auf dem Planeten Mars. Dort sind die Bewohner, die Martier, ebenso wie die Pflanzen schon viel weiter fortgeschritten als hier auf der Erde. Die Martier wissen längst, dass die Pflanzen auch beseelte und fühlende Geschöpfe sind, und haben gelernt, ihre Bewegungen und Töne zu verstehen, durch die dort die Pflanzen zu sprechen vermögen.

«Ich bin traurig», sang die Pflanze; «ich weiß, dass du es gut mit mir meinst, aber ich war doch eine freie Bergpflanze und bin nun hier gefangen. Ihr habt mich hinweggenommen aus der Blumenschlucht, wo ich mit meinen Verwandten wohnte. Und nun ist meine Blütenzeit wieder da; meine Blüten wollen sich ablösen und ins Freie fliegen, um sich dort ins Erdreich zu setzen und neu zu wurzeln.»

«Aber Dukchen, ich habe mich doch so sehr gefreut, dass ich dich endlich bekam! Nein, ich kann deine Blüten nicht herauslassen. Aber ich will dir frische Erde hersetzen, dass sie wurzeln können.»

«Nein, Ha, das würde mir nichts nützen. Sie müssen ins Freie, und wenn du mich nicht hinaus lässt, so müssen sie ohne deine Erlaubnis fortfliegen.»

«Das duld' ich nicht, Dukchen. Fenster und Türen sind geschlossen. Aber ich will dir gleich frischen Boden verschaffen. Sei nur brav!»

Ha lief hinaus. Nach längerer Zeit kehrte sie zurück, gefolgt von ihrem um drei Jahre älteren Bruder Hei, der eine große Kiste mit Erde herbeischleppte. Während er noch beschäftigt war, diese durch die Tür zu schaffen, vernahm er plötzlich, dass Ha einen Schrei ausstieß, und über ihn hinweg flatterte es wie zwei große, gelb und grün leuchtende Vögel. Es waren die Blüten von Dukchen, die sich inzwischen abgelöst hatten. Sie flogen mit dem abgelösten Ende des Kelches voran, die Luft zerteilend, und wirbelten aus sich selbst, so dass ihre steifen, schräg gestellten Blütenblätter wie eine Schraube wirkten und ihre langen Staubfäden hinterher zogen und als Steuer dienten. Das ging um so besser, als auf dem Mars die Schwerkraft nur ein Drittel so groß ist wie auf der Erde.

Ha begann zu weinen, aber der Bruder hatte schon den Kasten hingestellt und rief: «Komm schnell, Ha, wir fangen sie wieder ein. Mein Kletter-Auto, mit dem ich eben aus der Schule kam, steht noch fix und fertig draußen. Komm wie du bist, es ist alles drin, was wir brauchen.»

Eilends stürmten die Kinder in das Fahrzeug. Hei lenkte, Ha saß neben ihm. Das Haus lag, wie alle Privathäuser der Martier, fern von den großen Geschäftsstraßen im Freien zwischen Parkanlagen. Die Blüten waren freilich nicht mehr zu sehen. Aber Hei tröstete die Schwester: «Ich weiß, woher die Pflanze stammt, dahin fliegen die Blüten unbedingt, in das Bergloch auf der Wüste Burr.»

Hei vermied die großen Industriebezirke des Mars und lenkte das Auto nach der Grenze der bewohnten Niederung, wo sich steil die kahlen Felsen erhoben, die zur Hochebene der Wüste Burr hinaufführten.

Es war ein merkwürdiges Ding, das Kletter-Auto. Räder hatte es nicht; am ehesten hätte man es mit einem riesigen Insekt vergleichen können, das die stattliche Länge von drei Metern besaß. Denn es lief auf drei Paar Beinen und galoppierte darauf über die Ebene viel schneller als ein Rennpferd. Es brauchte dazu keine gebahnten Wege. Auch jetzt, als es den felsigen Abhang des Gebirges hinaufklomm, kletterte es mit seinen sechs Beinen schnell und sicher in die Höhe. Zuletzt aber kam eine fast senkrechte Felsmauer, die ein Alpinist nur mit großer Mühe und mit Hilfe des Seils bewältigt hätte. Aber auf einen Handgriff Hei's richtete sich das Auto auf den Hinterbeinen empor, während der schaukelartig herabhängende Sitz sich von selbst einstellte. Die langen Vorderbeine vorstreckend, schritt es auf die Wand zu, wo es sich mit den Fußenden festsaugte, in die Höhe zog und dann mit den übrigen Beinen sich ebenso festhielt und aufwärts schob. So kletterte es wie eine Wespe an der Wand empor. Nun war die Hochebene erreicht, und es ging wieder im Galopp vorwärts, bis Hei vorsichtig vor einer tiefen, trichterförmigen Einsenkung halt machte. Steil senkte sich hier der Boden, in bunten Farben leuchteten die Wände der Senkung. Die Reisenden befanden sich vor einer der Pflanzenoasen der Wüste Burr, in denen sich das ganze Jahr hindurch Feuchtigkeit sammelte und hielt.

«Hier unten wohnen die Dukchen», sagte Hei. «Die Blüten haben wir natürlich überholt, ohne sie zu sehen, da sie sehr hoch geflogen sind. Aber ehe wir hinunterkommen, werden sie schon anlangen und sich festsetzen, denn sehr lange halten sie es in der Luft nicht aus. Wir können auch nur ein kleines Stück mit dem Auto hinab, dann fängt das dichte Gebüsch an, und wir müssen zu Fuß klettern. Ich kenne den Platz, wir waren voriges Jahr mit unserem Naturlehrer hier.»

«Ach», rief Ha, «als du die essbaren Steine mitbrachtest? Die will ich auch suchen, die schmeckten zu gut!»

«Wir wollen sehen.» —

Am Gebüsch angelangt, verließen die Kinder den Wagen und kletterten zwischen Sträuchern und Steinen abwärts. An einer Stelle zeigte sich eine Felsenspalte. «Hier geht's hinein», sagte Hei lächelnd.

«Zu den Dukchen?» fragte Ha. «Nein, zu —» Hei machte eine Pantomime, als stecke er etwas in den Mund.

«Esssteine! Ach, bitte, bitte!»

Die Spalte erweiterte sich zu einer geräumigen Höhle, die von oben her Licht erhielt. Hei suchte an den Seitenwänden, dann brach er eine Platte des mürben, schieferartigen Gesteins ab. «Da», sagte er, «du musst es in kleine Stücke zerbrechen.»

Ha griff eifrig zu. «O, fein, fein ! Herrlich schmeckt das. Woher kommt der Stein?»

«Vor vielen Millionen Jahren wuchsen hier große Wälder mit vielen, vielen Blüten; dort legten zahllose Bienen große Vorratskammern von süßem Saft an. Später wurden die verschüttet, es kamen die trocknen Wüstenzeiten, der Saft wurde fest, und er hielt sich — er ist sozusagen versteinerter Honig.»

Die Geschwister erquickten sich an den Steinen und sammelten eine reichliche Menge. Dann kehrten sie in die Senkung zurück und stiegen weiter hinab.

Hei hatte eben eine rot leuchtende Stelle vor ihnen, die Blumenschlucht, als den Standplatz der Dukchenpflanzen bezeichnet, da rief Ha, sich umblickend, plötzlich: «Sieh, was von dort oben herabfliegt, sind das nicht — ?»

«Gewiss, das sind unsere Blüten. Warten wir, bis sie vorüber sind.»

«Aber da unten, was ist denn dieses Graue, das da hervorkriecht?» Hei starrte hin. Vom Grunde des Trichters her schob sich eine graue Masse und zog sich um die ganze Einsenkung wie ein schlangenförmiger Wulst herum. Von dort wälzte sie sich höher und höher. «Um Gotteswillen !» stöhnte Hei. Er ergriff Ha's Hand und zog sie nach sich. «Nach oben, so schnell uns die Füße tragen!»

«Was ist, was ist?»

«Der Tiefenwurm! Es kann nichts anderes sein. Wenn er uns einholt, sind wir verloren! Wir müssen das Auto erreichen!»

Es gab keine Zeit zu Erklärungen. Beide rannten, so schnell sie konnten, den Abhang hinauf. Aber schneller noch war der Tiefenwurm. Zu gewissen Zeiten quellen vom Grunde des Bergkessels her Nebel empor, mit Gasen vermischt, die der Mensch nicht einatmen kann, ohne zu ersticken. Da sie ähnlich einer riesigen Schlange am Abhange hinkriechen, nannte man sie den Tiefenwurm. Hei hatte zwar davon gehört, glaubte aber, dass sie nur am frühen Morgen aufstiegen.

Näher rückte die Masse. «Ich kann nicht mehr!» rief Ha. Sie stürzte. Hei versuchte sie auf den Arm zu nehmen. «Nur noch ein paar Meter, dann sind wir am Auto!» Er warf einen Blick rückwärts. Da wehte es heran, eisig — jetzt war es da — zwei Schritte noch, da brach er mit der Schwester zusammen. Der Tiefenwurm kroch über die Kinder hinweg.

Wenige Minuten später war die Stelle wieder frei. Der Nebel erreichte den Rand der Einsenkung und verlor sich unschädlich in der Wüste.

Die Kinder lagen bewusstlos, nahe an ihrem Kletter-Auto. Aber seltsam — ihre Gesichter waren völlig bedeckt, jedes von einer großen, dichten, gelb- und grünschimmernden Haube. Jetzt bewegten sich diese Hauben, sie lösten sich ab, die Kinder begannen wieder zu atmen — jetzt schlugen sie die Augen auf — sie waren gerettet. Die fliegenden Dukchenblüten hatten die Kinder bemerkt und die Gefahr, in der sie schwebten. Den Pflanzen schadet der Tiefenwurm nichts, im Gegenteil, sie gedeihen gerade in diesen Gasen. Da hatten sich die Blüten im rechten Augenblick auf die Kinder gestürzt und ihr Gesicht bedeckt und geschützt, so dass sie nur den heilsamen Duft der Blüten atmeten.

«O, ihr lieben Blüten, du liebes, liebes Dukchen!» sagte Ha, als sie zur Besinnung kam. «Ihr habt uns gerettet, und wir wollten euch fangen! Nein, nie wieder wollen wir einer

Pflanze die Freiheit rauben! Das verspreche ich euch», sagte Hei. «Habt Dank, habt Dank!»

Das Auto galoppierte mit den Kindern davon; noch einmal winkten sie oben vom Rande der Schlucht.

Die Blüten aber flogen hinab und siedelten sich fröhlich in ihrer Heimat an.

Der tote und der lebendige Mars

Dem Planeten Mars ist seine letzte Annäherung an die Erde nicht gut bekommen. Er ist bei den Astronomen in Ungnade gefallen. Sie haben ihn für zu kalt und zu trocken erklärt, um höher kultivierten Wesen als Wohnplatz zu dienen, und so haben sie ihn tot gesagt. Ein Schriftsteller, der in einem Roman geschildert hatte, wie sich das Zusammentreffen der Marsbewohner mit den Menschen gestalten könnte, falls, wie anzunehmen, jene eine viel höhere Kultur in technischer wie ethischer Hinsicht besitzen als wir Erdenwanderer, bekam allerlei Beileidsbezeugungen, dass wir nun nicht von den Martiern entdeckt werden könnten. Das wäre doch schade! Sollte der Mars wirklich ein so alter ausgetrockneter Planetengreis sein, dass er für Kulturträger gar nicht mehr bewohnbar ist?

Es ist ihm schon einmal so übel ergangen, sogar noch schlechter. Damals bestritt man ihm überhaupt das Wasser und die Luft. Die weißen Flecken an den Polen sollten gefrorene Kohlensäure sein, was eine Temperatur von 100 Grad Celsius unter Null voraussetzen würde.

Jetzt gönnt man dem Mars wenigstens ein bisschen Wasserdampf und Schnee, aber zur Existenz von menschenähnlichen Wesen soll das nicht mehr ausreichen. Amerikanische Astronomen hatten nämlich Gelegenheit, im Herbst 1909 bei einer Expedition auf den Mount Whitney in Kalifornien (4420 Meter hoch) photographische Aufnahmen der Spektra des Mars und des Mondes unter Umständen zu machen, die für die Vergleichung beider sehr günstig waren; weniger freilich für die Beobachter, die es mit einem eisigen Sturm und der Bergkrankheit zu tun hatten. Die Resultate sprachen für einen recht geringen Wassergehalt der Marsatmosphäre. Man ist daher geneigt, dem Mars ein Wüstenklima zuzuschreiben, bei dem selbst in den äquatorialen Gegenden die mittlere Tagestemperatur kaum über den Gefrierpunkt hinausreicht.

Bedeutet nun ein solcher Schluss, in dem übrigens außer den tatsächlichen Beobachtungen noch sehr viel Hypothetisches steckt, wirklich für den Mars die Eigenschaft einer toten und abgestorbenen Welt? Ein Ergebnis wissenschaftlicher Forschung fordert zunächst Anerkennung; es fragt sich nur, wie groß ist seine Tragweite?

Es ist die glückliche Eigenart der Wissenschaft wie der Erkenntnis überhaupt, dass sie niemals abgeschlossen ist. Sie bedeutet eine unendliche Aufgabe, bei der jedes Resultat neue Fragen aufwirft, jede Errungenschaft den früheren Standpunkt korrigiert. Insofern ist es sehr wohl möglich, dass eine Erweiterung unserer Kenntnisse wieder zu einer Auffassung führt, die der Annahme intelligenter Marsbewohner günstiger ist. Aber darauf möchte ich mich nicht stützen. Die Frage gestattet auch noch andere Erwägungen.

Die Aufgabe der Wissenschaft besteht darin, die Fülle dessen, was wir erleben, als einen gesetzlichen Zusammenhang zu bestimmen, wodurch uns die Erfahrung erst als eine objektive Realität, als ein eindeutiger Inhalt des Bewusstseins gegeben wird. Ihr Recht und ihr Interesse ist auf diese Bestimmung beschränkt. Auf unser Gefühl, auf unsere Wünsche, auf unsere Ideale hat sie dabei keine Rücksicht zu nehmen. Und eben dadurch ist Wissenschaft das feste Fundament unserer Kultur, der unbestechliche Maßstab für die Tauglichkeit unseres Wirkens und Könnens; nur dadurch wird sie das einzige und unentbehrliche Mittel, unsere Ideale durch Beherrschung der Natur zu verwirklichen. Aber eben dadurch auch sind ihr die Grenzen ihrer Methode gesetzt. Nicht jede beliebige Frage geht sie an, sondern nur die Untersuchung dessen, was zu der großen gesetzlichen Einheit gehört, die wir Natur nennen. Annahmen, deren sie hierzu nicht bedarf, verweist sie mit Recht in das Reich der Phantasie. Erst dann beschäftigt sie sich mit ihnen, wenn wir sie als unentbehrlich erkennen, um den gesetzlichen Zusammenhang des ewig Werdenden zu verstehen. Eine solche bedenkliche Frage ist die nach der Bewohnbarkeit der Planeten, im speziellen nach der Bewohnbarkeit durch Wesen, die wir als mit dem Menschen vergleichbar betrachten dürfen.

Wird diese Frage im Ernst aufgeworfen, und einer Wissenschaft zugewiesen, so kann diese nur die Astronomie sein, genauer gesagt die Astrophysik. Denn mit diesem Namen bezeichnen wir den Teil der allgemeinen Sternkunde, der sich mit der physischen und chemischen Beschaffenheit der Weltkörper beschäftigt. Da nun das organische Leben auf der Erde an gewisse chemisch-physikalische Bedingungen geknüpft ist, so würde es der Astrophysik zukommen, zu untersuchen, ob solche sich auf andern Weltkörpern finden. So fiele, scheint es, der Entscheid über die Existenz von Planetenbewohnern schließlich dem Astronomen zu.

Damit ist aber dem Astronomen ebensowenig gedient wie dem Problem. Der Astronom in seiner Eigenschaft als wissenschaftlicher Fachmann hat eine gewisse Abneigung gegen die Frage nach der Bewohnbarkeit der Planeten. Er besitzt dafür kein Interesse. Und das mit gutem Recht. Denn, wie gesagt, hat die Wissenschaft nur solche Fragen sich vorzulegen, deren Lösung zur naturgesetzlichen Erklärung der von ihr festgestellten Erscheinungen notwendig ist. Solange keine astronomischen Beobachtungen feststehen, die nur durch die Einwirkung intelligenter Wesen erklärlich werden, so lange hat der Astronom keine Veranlassung, auf Intelligenzen zurückzugreifen. Schmunzelnd — und mit Recht — geht er darüber hinweg.

Es lag auch bisher eigentlich nur ein einziger Fall vor, der den Astronomen in dieser Hinsicht Schwierigkeiten machte. Das war die Entdeckung der sogenannten Marskanäle. Diese breiten, sehr langen Streifen, die sich geradlinig über die Kontinente des Planeten hinzogen, mitunter verschwanden, dann wieder verhältnismäßig schnell auftraten, zuzeiten sogar sich verdoppelten, die sich nicht gut aus der Zufälligkeit natürlicher Bildungen verstehen ließen, sie schienen auf die Tätigkeit intelligenter Wesen hinzuweisen. Man konnte sie etwa als Vegetationsstreifen auffassen, die infolge künstlicher Bewässerung zu gewissen Zeiten auftraten. Eine Zeitlang schien es, als könnte man die Existenz dieser Streifen überhaupt aus der Welt schaffen und sie als optische Täuschung erklären. Aber wenn auch manche Gleichmäßigkeit darin nur scheinbar sein mag, so haben sie sich doch als Eigentümlichkeit der Marsoberfläche behauptet. Man hat daher auch innerhalb der astronomischen Fachkreise lange Zeit, obwohl mit einem gewissen Unbehagen, die Hypothese der Marsbewohner ertragen, zumal eine wasserhaltige Atmosphäre auf dem Planeten nachgewiesen war und seine allgemeinen Verhältnisse es als durchaus wahrscheinlich zuließen, dass er von kultivierten Wesen bewohnt sei.

Nun scheint aber die Gelegenheit gekommen, diese missliebigen Vernunftwesen loszuwerden. Auf die ungünstigen klimatischen Verhältnisse des Mars gestützt, hat der berühmte Stockholmer Gelehrte Svante Arrhenius eine rein naturwissenschaftliche Hypothese über die Entstehung der sogenannten Kanäle aufgestellt. Sie sollen Sprünge der Marsoberfläche infolge der Zusammenziehung der Planeten darstellen, an denen die regelmäßigen Stürme der Atmosphäre den Wüstensand und Salzstaub der Oberfläche anhäufen, der sich dann je nach der Feuchtigkeit der Jahreszeiten dunkler färbt und uns sichtbar wird. Die genauere Prüfung dieser Erklärung muss den Fachmännern Vorbehalten bleiben. Ich muss gestehen, dass ich gerade auf diese sogenannten Kanäle niemals besonderen Wert gelegt habe, wenn ich mir Gedanken über die Kultur der Marsbewohner machte. Ich habe sie in diese Gedanken aufgenommen, weil sie als sicherer Bestand der wissenschaftlichen Forschung galten, aber als Kulturzeichen könnte ich die Kanäle auch ohne Schwierigkeit entbehren, zumal das Kolossale ihrer Ausdehnung sie als Kunstprodukte problematisch macht. Die Überzeugung von der überlegenen Kultur der Marsbewohner stammt für mich nicht aus astronomischer Quelle; aus dieser stammt es nur, dass ich derartige ideale Vernunftwesen gerade auf den Mars versetze, weil dieser Planet nach der übereinstimmenden Ansicht der Astronomen bisher als der Planet galt, der mit der Erde die größte Ähnlichkeit hat.

Die Naturwissenschaft kann sich nur an die Erfahrung halten. Danach aber sind uns im ganzen Weltall keine anderen Bedingungen bekannt, unter denen sich Vernunftwesen heraufgebildet haben, als die auf der Erde bestehenden, nämlich Organismen, deren höchste Stufe der Mensch ist. Also bleibt dem Astronomen nur der Schluss übrig: Soll ein Planet von intelligenten Wesen beherrscht sein, so müssen diese menschenähnlich sein. Dazu aber ist erforderlich, dass die Verhältnisse auf diesem Weltkörper annähernd denen der Erde gleichen in Bezug auf Gravitation, Wechsel von Tag und Nacht, Jahreszeiten, Atmosphäre, Wasser, Dichtigkeit und Temperatur der Oberfläche usw. Genügt keiner unserer Planeten diesen Ansprüchen, so ist die Erde zurzeit der einzige Planet, der von Vernunftwesen bewohnt ist.

Diese Anschauung hat der bekannte Naturforscher Alfred Russel Wallace 1903 in einem umfassenden Werk „Die Stellung des Menschen im Weltall“ (deutsch von Felix Heinemann) konsequent durchgeführt. Er kam zu dem positiven Ergebnis, dass die Erde der einzige Weltkörper sei, auf dem menschenähnliche Wesen existieren. Denn organisches Leben im höheren Sinn sei nur das, was wir auf der Erde als solches kennen. Da nun auf andern Himmelskörpern die Bedingungen aridere sind, so finde sich dort kein Leben.

Das scheint unanfechtbar. Dennoch ist es ein Zirkelschluss, der die Behauptung in der Voraussetzung schon enthält. Ein Engländer könnte so etwa folgendermaßen schließen: Anständig ist, was man in England dafür erklärt. Was man anderswo dafür hält, ist nicht maßgebend. Also gibt es Anstand nur in England.

Hier wird man freilich die Voraussetzung leicht bestreiten können, da ja der Begriff des Anstandes auch von andern kultivierten Völkern her definiert werden kann. In der Frage nach dem höheren Leben aber kennen wir überhaupt nur das menschliche hier auf der Erde. Demnach bleibt der Schluss als solcher unangreifbar, und doch kann er unmöglich richtig sein. Kommen wir in irgendeinem Problem zu einem derartigen Widerspruch, so ist das ein sicheres Zeichen, dass dieses Problem innerhalb des Gebiets, worin es aufgestellt ist, sich nicht lösen lässt und dort an falscher Stelle steht. Die Frage nach der Mehrheit der 'bewohnten Welten' gehört überhaupt nicht in die Naturwissenschaft. Der Astronom als solcher hat ganz recht, wenn er für sie kein Interesse zeigt. Er kann sie niemals beantworten, solange die Erde der einzige Ausgangspunkt für die Bewertung jener Existenzform bleibt, die wir als Leben und speziell als Betätigung höheren Bewusstseins bezeichnen.

Aber eben weil er diese Frage nicht beantworten kann, darf er sie auch nicht verneinen. Damit überschreitet er seine Befugnisse. Wenn sich für die Wissenschaft hier ein negatives Resultat ergibt, so liegt das daran, dass sie in ihren Hypothesen mit Recht sich einschränkt. Für die theoretische Erkenntnis ist die Frage nach den Bewohnern anderer Planeten bei unserer gegenwärtigen Erfahrung nicht in Betracht zu ziehen.

Aber die Menschheit hat ja neben dem theoretischen noch andere Interessen. Sie hat Forderungen des Willens und des Gefühls, ethische, ästhetische und religiöse Interessen. Dort gibt es allerdings keine Beweise, aber es gibt Ideen. Und diese schaffen zwar keine Naturobjekte, aber sie erzeugen ebenfalls Realitäten, nämlich in Sittlichkeit, Kunst und Weltanschauung. Finden wir die Planetenbewohner vorläufig noch nicht im Weltraum, so ist ihre Wirklichkeit damit noch nicht widerlegt. Es gibt Realitäten des

Gemüts, die nicht an die äußere Erfahrung gebunden sind.

Niemals vermag die Naturwissenschaft positiv zu beweisen, dass die Bedingungen zur Existenz intelligenter Planetenbewohner nirgends anders im Weltraum erfüllt sein könnten als auf unserer Erde. Sie hat auch kein Interesse daran. Bestünde aber ein solches für ihre Existenz, so könnte man sie ohne Schwierigkeit wahrscheinlich machen mittels einer Hypothese, die den Beobachtungen nicht widerspricht. Man brauchte nur anzunehmen, dass z. B. auf dem Mars die Atmosphäre eine Beimischung von wenigen Prozent Kohlensäure besitze, um für die dortigen Bewohner nach unsern Begriffen ausreichende Lebensbedingungen zu erhalten. Alle die Berechnungen nämlich, die sich auf die neuesten Beobachtungen stützen und zu so niedrigen Temperaturen führen, setzen dabei voraus, dass die Marsatmosphäre nahezu wie die unsrige zusammengesetzt sei. Ein kleiner Mehrgehalt an Kohlensäure aber würde bereits bewirken, dass sie eine schützende Hülle gegen die Ausstrahlung der Wärme um den Planeten bilde. So können die Bedingungen für dort lebende Organismen ganz andere sein, ohne dass wir dies nachzuweisen vermögen. Ja man könnte sich ebensogut eine organische Entwicklung denken, verbunden mit ähnlichen oder Höheren geistigen Fähigkeiten als die menschlichen, die ganz andern klimatischen Bedingungen angepasst wäre, als sie auf der Erde bestehen. Die Natur ist unerschöpflich in solchen Anpassungen, und es spricht vieles dafür, dass gerade Erschwerungen der Lebensumstände häufig Hebung und Verfeinerung, nämlich eine Stärkung im Kampf ums Dasein, bei den lebenden Wesen erzeugen. Wenn, wie es scheint, die Erdbewohner gerade durch die Eiszeit erst recht zu Menschen geworden sind, so dürften auch die Marsbewohner beim Altern ihres Planeten die Mittel gefunden haben, den Schwierigkeiten vorzubeugen, die ihnen aus der Abkühlung des Planeten erwachsen. Wenn nun z. B. die sogenannten Kanäle tatsächlich großartige Anlagen wären — Strahlungsfelder — um die Sonnenenergie zu sammeln und für

Kulturzwecke zu verwenden? Solche Hypothesen lehnt die Wissenschaft mit vollem Recht ab, solange keine methodische Notwendigkeit dazu vorliegt.

Aber sie können brauchbar und berechtigt werden, wenn auf einem andern Gebiet als dem theoretischen das Bedürfnis entsteht, an außerirdische Existenzen zu glauben. Nur dürfen die Annahmen, die man macht, keinen Widerspruch gegen die wissenschaftliche Erfahrung enthalten; es muss wenigstens „so sein können". Solche Annahmen liegen außerhalb der Wissenschaft, aber sie streiten nicht gegen sie.

Derartige Überlegungen werden dann kein bloßes Spiel müßiger Phantasie sein, wenn ein wertvolles Interesse vorliegt, mit solchen Gedanken zu operieren. Der Aufblick zu einer höheren Kultur, als die Menschheit sie bietet, bedeutet ohne Zweifel ein solches höheres Interesse, den Zug nach einem Ideal, das tief in der menschlichen Seele wurzelt. Die Beschäftigung damit liefert freilich nicht theoretische Erkenntnis, aber sie ist nicht weniger eine Form realen Wirkens; sie besitzt erhebende Einflüsse auf das Gefühl, Bewegungen des Gemüts, die von kulturellem Wert sind und als solche nicht bloß im Reich der Träume bleiben. Denn es gibt zwei Gebiete, die ihnen Wirklichkeit verleihen, die Weltanschauung und die ernste Dichtung. Auf diesen Gebieten behält der Mars sein gutes Recht zu leben, und es fällt ihm gar nicht ein, tot zu sein.

Pflanzenseele

Unsere Verwandtschaft mit den Pflanzen ist etwas weitläufig, darum sind wir auch so wenig geneigt, ihnen Bewusstsein zuzusprechen und sie als beseelte Wesen anzuerkennen. Die Tiere, wenigstens die höheren, stehen uns schon näher, wir begreifen mitfühlend viele ihrer Lebensäußerungen und zweifeln daher nicht, dass ihr Seelenleben dem unsern ähnelt. In der Tat reicht ja unser Stammbaum gemeinsam mit dem der ersten Säugetiere wohl bis in die obere Trias hinein und trennt sich erst später von dem unserer vierbeinigen Lebensgenossen. Wollten wir aber in unserer Ahnenreihe so weit zurückgehen, bis wir unsere gemeinschaftlichen Vorfahren mit der Linde vor unserem Fenster ermittelt hätten, so müssten wir sie in den allerersten Anfängen des Lebens auf der Erde suchen, aus denen uns keine Reste, keine Aufzeichnungen in dem großen geologischen Urkundenbuche unseres Planeten erhalten sind.

Und doch ist kein Zweifel, dass Pflanzen und Tiere, die gemeinsamen Kinder der Mutter Erde, in ihrem Ursprung als Organismen eng zusammenhängen. Beide bestehen aus dem gleichen Stoff, dem Protoplasma, beide bauen sich nach dem gleichen Prinzip auf durch Bildung und Teilung von Zellen, beide zeigen die gleichen Funktionen der Ernährung, Assimilation und Ausscheidung, Wachstum und Fortpflanzung. Und gehen wir zu den einfachsten organischen Formen zurück, so stoßen wir auf Lebewesen, die weder Pflanzen noch Tiere genannt werden können — sie stehen an der Grenze, am Anfang beider Reiche und heißen daher Protisten. Schon bei jenen einfachsten Grundformen, Protoplasmaklümpchen, die im Urmeer umherschwammen oder -krochen, muss die Trennung der Tierreihe von der

Pflanzenreihe eingesetzt haben. In der ersteren haben die Individuen ihre Beweglichkeit ausgebildet, in der letzteren sind sie sesshaft geworden, aber die ersten Jugendstadien der Pflanzen, in denen ihre Keime in Luft und Wasser umherirren, weisen noch auf eine ursprüngliche Wanderlust der Vorfahren hin. Und mit diesem Unterschied hängt wohl das Haupttrennungsmerkmal der Pflanzen und Tiere zusammen — die Pflanzen nähren sich unmittelbar von den anorganischen Bestandteilen der Erde, die Tiere bedürfen dazu der Vermittlung der Pflanzen. Insofern sind sie von den Pflanzen abhängig, ohne die sie nicht existieren könnten, aber gerade durch diese Ausnutzung dürfte es ihnen gelungen sein, sich bis zum Herrn der Erde hinauf fortschreitend zu entwickeln.

Von jenem gemeinsamen Ursprung aus schlagen Pflanzen und Tiere getrennte Entwicklungswege ein. Obwohl in fortwährend gegenseitiger Einwirkung, steigen beide Reiche in selbständigen Formen zu höchster Feinheit und Verwicklung der Organisation empor, deren Spitze auf der Seite der Tiere der Mensch bildet.

Nun wissen wir vom Menschen aus unserer Selbsterfahrung, dass wir uns als fühlende, wollende und vorstellende Wesen gegeben sind. Zunächst weiß das zwar jeder nur vom eigenen Ich; da wir dieses aber immer an bestimmte Zustände und Vorgänge im Raum gebunden sehen, die wir unseren Körper nennen, so setzen wir auch von jedem uns ähnelnden Körper voraus, dass für ihn ein Innenvorgang wie bei dem unseren stattfindet, ein seelisches Erlebnis. Den gleichen Schluss ziehen wir in Bezug auf die Organismen, deren Körperbau dem unseren vergleichbar scheint; je weiter er sich aber von unserer Entwicklungsstufe entfernt, um so mehr nehmen wir an, dass auch die Feinheit des Seelenlebens verschwinde; da mag denn in den einzelligen Urwesen, etwa dem Schleimklümpchen einer Amöbe, bloß noch das dumpfe Gefühl der Veränderung des eigenen Zustandes übrigbleiben.

Dass wir jenen ältesten organischen Bildungen, wenigstens soweit sie zu unserer Ahnenreihe gehören, nicht jede Bewusstseinsregung absprechen, hat seinen guten Grund in der Forderung des stetigen Zusammenhangs der Natur. Das Bewusstsein als unser psychisches Erlebnis ist da, es ist uns unmittelbar und gewiss gegeben; erst als seinen Inhalt finden wir die Körperwelt in Raum und Zeit. dass also das Bewusstsein irgendwie oder irgendwo aus der physischen Körperwelt entstanden sein könne, ist etwas durchaus Unvorstellbares. Seelisches Erlebnis ist nur zu begreifen als eine ursprüngliche Einheit, die allen körperlichen Systemen als innerlicher Eigenzustand zukommt, aber in um so verfeinertem Grade, je inniger ihr stofflicher Zusammenhang ist. Der Inhalt des Bewusstseins kann nicht an einem Punkt der Tierreihe plötzlich auftreten, sondern sich nur parallel der Organisation entwickeln. Deshalb muss er auch, wenngleich in primitiver Weise, schon dort vorhanden gewesen sein, wo die Entwicklungsreihe der Tiere von der der Pflanzen abzweigt.

Auch die Organisation der Pflanzen ist zu einer immer vollkommeneren aufgestiegen von der einfachen Alge bis zum Eichbaum; was ist nun dabei aus dem Bewusstsein geworden? Sollte sich nicht bei den höheren Pflanzen ein ebenso intensives Seelenleben entwickelt haben wie bei den höheren Tieren? Allerdings kennen wir keine Pflanze, die wir der Spitze des Tierreichs, dem Menschen, vergleichen könnten. Aber jedenfalls wird doch mit der Verfeinerung des Ausbaus ihres Körpers auch bei den Pflanzen eine Steigerung der Bewusstseinsformen verbunden sein.

Nun kann man freilich einwenden, die Tiere bezeichnen eben jene bevorzugte Reihe der Organismen, deren Entwicklung auf dem einzigen, zur Erhöhung des Bewusstseinstandes führenden Wege fortgeschritten ist. Die Pflanzen dagegen haben den Holzweg eingeschlagen — die abweichende Entwicklung ihres Körperbaus führte nur zu Funktionen, die einer Verkümmerung der ursprünglichen psychischen Anlagen entsprechen. Zu einem individuellen Bewusstsein mit Empfindung oder gar Vorstellung ist es bei ihnen nicht gekommen.

Die Gründe zu dieser Ansicht liegen offenbar darin, dass man nur dort Bewusstsein annahm, wo tierähnliche Äußerungen, also vor allem Bewegungen der Flucht oder Abwehr, wahrgenommen wurden, und dass solche Vorgänge an den Pflanzen nicht merkbar hervortraten. Überhaupt zeigte sich die Verwandtschaft zwischen Tier- und Pflanzenleben deutlich nur in den Prozessen der Nahrungsaufnahme, des Wachstums und der Fortpflanzung; und gerade bei diesen laufen unter normalen Umständen die körperlichen Vorgänge auch bei den Tieren ohne Bewusstsein ab. Dagegen vermisst man bei den Pflanzen die Organe, an die in der Tierwelt die seelischen Erscheinungen gebunden sind. Die Pflanzen wurzelten fest, es zeigten sich keine Muskeln zur Bewegung der einzelnen Teile, keine Sinneswerkzeuge zur Aufnahme von Reizen, zum Sehen und Tasten, kein Nervensystem zur Fortleitung dieser Reize und kein Gehirn als Zentralorgan für die Vereinigung aller Einwirkungen der Außenwelt zu einer Gegenwirkung mit der Umgebung.

Dies war die Hauptmacht der Einwürfe, gegen die sich G. Th. Fechner zu wenden hatte, als er vor sechzig Jahren in seinem Buche „Nanna oder über das Seelenleben der Pflanzen“ für die Existenz des Pflanzenbewusstseins eintrat. Er hatte ganz recht, sich darauf zu berufen, dass Bewusstsein durchaus nicht überall durch die gleichen Organe getragen zu sein braucht. Trotz der ganz anderen Organisation der Pflanze sind ihr Tätigkeiten der Ernährung, Atmung, Zellbildung, Abscheidung usw. mit dem Tiere gemeinsam, obwohl diese dem höheren Tier an das Nervensystem gebunden sind. Also könnte sehr wohl auch Sinnesempfindung bei den Pflanzen vorhanden sein, ohne dass wir deren Organe bei ihnen kennen.

Jene Bedenken gegen die Pflanzenseele sind nun durch die botanische Forschung der letzten zehn Jahre beseitigt. Es besteht kein Zweifel mehr, dass die Reaktion auf Licht, Schwere, Berührung und andere Reize eine allgemeine Eigenschaft der Pflanze ist. Durch die Arbeiten der Pflanzenphysiologen Haberlandt, Nemec und anderer wurden die Endorgane zur Aufnahme der Reize aufgefunden und die Technik enthüllt, wie diese Reize in Bewegungen gewisser Teile der Pflanze umgesetzt werden. Auch die Mittel der Reizleitung wurden in feinsten Fibrillen entdeckt, durch die alle lebenden Zellen der Pflanzen in Verbindung stehen, so dass sie die Aufgabe zu erfüllen geeignet sind, die bei den Tieren den Nerven zukommt. Über das „Pflanzenauge", lichtbrechende Zellen mit einer Farbstoffschicht, hat R. H France den Lesern der *Woche* vor einiger Zeit (November 1906) ausführlich berichtet.

Demnach ist es deutlich bewiesen: Seitens des anatomischen Baues und der physiologischen Funktionen der Pflanzen besteht kein derartiger organischer Unterschied gegenüber den Tieren, dass man deshalb jenen Bewusstsein absprechen müsste. Von naturwissenschaftlicher Seite kann man gegen die Beseelung der Pflanzen keinerlei Einwand mehr erheben. Freilich ist hiermit erst die negative Instanz beseitigt. Haben wir aber damit positiv zwingende Gründe, die Pflanzen als beseelt anzusehen? Ist der Analogieschluss, den wir von uns auf die Tiere machen, auch mit Recht auf die Pflanzen auszudehnen? Rosensträucher und Apfelbäume können wir wohl züchten wie Hunde und Pferde, aber können wir uns ebenso mit ihnen verständigen? Ein Gefühls- und Empfindungsleben mögen sie wohl haben, aber es mag dem unsrigen so fremdartig sein, dass wir es nicht deuten können. Inwieweit die ausgeübten Reize bei den Pflanzen überhaupt die Schwelle des Bewusstseins überschreiten, lässt sich gar nicht sagen; gehen doch in unserem Körper fortwährend starke Veränderungen und zuweilen schwere krankhafte Störungen vor, ohne dass wir ein Bewusstsein davon haben. Die schwierigste Frage aber ist, steigert sich das Empfinden also die sinnliche Wahrnehmung von Licht, Druck, Wärme — und das damit verbundene Gefühl (Lust und Unlust) bei den Pflanzen auch bis zur Vorstellung, d. h. ist sich die Pflanze auch eines Zustandes bewusst, der nicht bloß gegenwärtige Wahrnehmung eines Reizes ist? Erst dann könnte man in unserem Sinne von Seelenleben reden.

Bei der Schwierigkeit einer tatsächlichen Entscheidung wird man sich fragen müssen, was wir eigentlich für ein Interesse daran haben, dass die Pflanzen sich ihrer Existenz bewusst sind. Könnten wir aus der sicheren Bejahung der Frage irgendeinen theoretischen oder praktischen Nutzen ziehen?

Da muss man sich vor allem hüten, die Anerkennung eines seelischen Lebens der Pflanze in der biologischen Forschung zu missbrauchen, um auf diese psychische Seite die Erklärung organischer Vorgänge zu gründen. Man darf nicht sagen, die Pflanze krümmt ihren Blattstengel in bestimmter Weise, weil sie in ihrer Lichtzelle sich einer bestimmten Richtung des Lichteinfalles bewusst wird. Haben wir denn irgend etwas erklärt, wenn wir sagen, der Hund kratzt sich an einer bestimmten Stelle, weil er sich des dort eingetretenen Hautreizes bewusst ist? Ob wir uns der physiologischen Vorgänge im eigenen Körper bewusst sind oder nicht, hat mit ihrer Erklärung gar nichts zu tun; wir wollen wissen, was objektiv geschieht. Wenn im Protoplasma irgendeine Veränderung vor sich geht und man sagt, das kommt daher, weil das Protoplasma das Bedürfnis empfindet, eine Störung auszugleichen; oder wenn man beobachtet, dass sich zwei Zellen in einer Flüssigkeit nähern, aneinanderlegen und verschmelzen, und man beruhigt sich damit, dass sie den Trieb haben, sich zu einem neuen Individuum zu verbinden, so ist damit gar nichts gewonnen. Man hat einfach für die beobachtete Tatsache einen dem menschlichen Gefühlsleben entnommenen Ausdruck gesetzt: Bedürfnis, Trieb; also an Stelle eines naturwissenschaftlichen Begriffs der mechanischen oder chemischen Veränderung einen psychologischen, von dem man gar nicht weiß, wie er mit dem räumlichen Geschehen zusammenhängt. Derartige Erklärungsversuche sind nur möglich unter vollständiger Verkennung dessen, was die

Erkenntniskritik über den Sinn der naturwissenschaftlichen Forschung ermittelt hat.

Erklären heißt, die Erscheinungen zurückführen auf Gesetze, die im Gebiete des Objektiven liegen; denn es handelt sich darum, die Vorgänge als allgemeingültige und notwendige Bestimmungen zu verstehen, die dem subjektiven Gefühlsleben entzogen und darum allgemein anwendbar sind. Das sind die im Raum feststellbaren Gesetze der Physik und Chemie. Wollten wir die Vorgänge der Natur aus Gefühlen erklären, so würden sie völlig unbestimmt werden, denn das Gefühl ist das absolut Subjektive. Der erste kindliche Versuch der Naturvölker, Naturerscheinungen zu verstehen, beruht auf diesem dichterischen Hineintragen subjektiver Erfahrungen von Schmerz und Lust, Hass und Liebe in die Körper; man nennt dies Verfahren Animismus. Die ganze Natur wird dabei mit einem Bewusstsein erfüllt, das wir nur an uns kennen, und dessen subjektive Willkür jeder gesetzlichen Festlegung im einzelnen spottet. Naturwissenschaft wurde erst möglich, als man im Beginn des 17. Jahrhunderts lernte, vom seelischen Leben der Natur zu abstrahieren und ihr mechanisches Gesetz aufzusuchen. Wenn wir jetzt wissen, dass die Natur nicht als solche tot und seelenlos ist, sondern dass wir vom Leben nur abstrahieren, um das Gesetz dieses Lebens von unserer psychologischen Subjektivität zu befreien und als eine objektive Macht zu erkennen, so dürfen wir darum nicht wieder in den alten Fehler des Animismus verfallen. Das Gefühl kann überhaupt nichts wirken; es ist nur das subjektive Zeichen für das Vorhandensein von Wirkungen; und diese Wirkungen lassen sich objektiv festlegen allein durch die bewährten Mittel der mathematischen Naturwissenschaft. Eine Erklärung, warum sich zwei Zellen vereinigen, gewinnen wir erst, wenn wir im einzelnen angeben können, was dabei geschieht, wie die Temperatur, die chemische Zusammensetzung usw. die Oberflächenspannung beeinflusst, und wenn wir so die Verschmelzung der Zellen einreihen können in das Gebiet des allgemeinen notwendigen Verhaltens kolloidaler Flüssigkeiten.

Das Psychische ist die Form, in der ein Organismus sich selbst erlebt; für jeden anderen Organismus ist er ein Körper. Mir bin ich eine Seele, dir ein Objekt im Raume, und nur durch räumliche Wirkungen, durch Energieänderungen unserer Körper kann ich mich bemerkbar machen. Von dem, was im Anderen psychisch vorgeht, kann man nur Vermutungen haben; wissenschaftliche Erklärung gibt es daher nur durch Feststellung der physischen Vorgänge.

Aber wir sind ja nicht nur erkennende Wesen. Der Wert des Daseins liegt im Psychischen, denn über ihn entscheidet das Gefühl. Und in dieser Richtung liegt auch das Interesse, das wir an der Beseelung der Pflanzen haben. Nicht für die Naturwissenschaft, aber für die Weltanschauung ist es von Wichtigkeit, dass die Pflanzen sich selbst erleben. Denn inwieweit die Welt Selbsterlebnis ist, so weit ist sie in das große Einheitsband eingeschlossen, das uns selbst als Teile des Universums umfasst. Unser Weltbild erweitert sich, unser Weltgefühl verinnerlicht sich um so mehr, je tiefer Natur und Menschenseele sich ihrem Wesen und Ursprung nach verwandt wissen. Der große Gedanke der Entwicklung alles Lebens auf unserem Planeten, der unsere theoretische Naturerkenntnis so unendlich vertieft hat, gewinnt nun auch seine volle ästhetische, ethische und religiöse Bedeutung. Mit der Natur steigt das Bewusstsein auf zu höheren und reiferen Formen, und in allen ihren Gebilden fühlen wir das Walten des Allgeistes, dem auch wir angehören:

„Du führst die Reihe der Lebendigen
Vor mir vorbei und lehrst mich meine Brüder
Im stillen Busch, in Luft und Wasser kennen.“

Bis zum Nullpunkt des Seins

Erzählung aus dem Jahre 2371

I. Das Geruchsklavier

Aromasia saß im Garten ihres Hauses und sah träumerisch in's Blau des schönen Sommertages vom Jahre 2371. Sie folgte mit ihren Blicken den kleine dunklen Wolken, welche sich hier und da plötzlich in der Atmosphäre bildeten und einen Regenguss herabströmen ließen; oder sie spähte nach den fliegenden Wagen und Luftvelocipeden aus, die zu ihren Füße in buntem Gewühle die breite Straße erfüllten. Denn der Garten Aromasias befand sich in der luftigen Höhe von ungefähr hundert Metern über dem Erdboden auf dem Dache ihres Hauses. Man sah sich genötigt, die Wohnhäuser in so gewaltigen Dimensionen aufzutürmen und die Gärten über ihnen anzubringen, da man den Raum der ebenen Erde dem Ackerbau vorbehalten musste. So reichbevölkert war der Erdball, dass man jedes Plätzchen dem Anbau der Halmsfrucht und der Ernährung des Schlachtviehs widmen musste, um die Gefahr einer Hungersnot abzuwenden.

So wogten denn am Boden die Getreidefelder, wo immer Luft und Licht es gestatteten; darüber standen auf festen, hohen Säulen die Gebäude der Menschen, in deren unteren Stockwerken die Industrie ihr geschäftiges Leben trieb. Weiter oben folgten Privatwohnungen, und die Krone des Ganzen bildeten anmutige Gärten, deren freie und gesunde Lage sie zum beliebtesten Aufenthalte machte.

Die Aufeinanderfolge von fünfzehn bis fünfundzwanzig Stockwerken war übrigens durchaus nicht mit Unbequemlichkeiten verbunden; denn der Luftwagen war das gewöhnliche Verkehrsmittel; und wollte man wirklich einmal zu Fuß ausgehen, so fanden sich die Treppen durch treffliche Hebe- und Senkvorrichtungen ersetzt. In den Städten — und deren gab es unzählige — waren außerdem die einzelnen Stockwerke längs der Straßenfront durch Galerien verbunden; ihre Benutzung war bequem und praktisch, aber — wie es so geht, man weiß nicht immer warum — bei der feinen Gesellschaft galt sie nicht für standesgemäß; sie diente nur dem kleinen Geschäftsverkehr und Hausgebrauche.

Ebenso hielt man es für unpassend, ja es war sogar straßenpolizeilich verboten, innerhalb der Stadt mit den leichten Fahrzeugen sich höher als die Dächer der Häuser zu erheben oder quer über Privatbesitz durch die Luft zu fliegen. Natürlich gab es auch immer mutwillige und unartige Übertreter dieser Sitte, und wenn es früher, im rohen Neu-Mittelalter, der Übermut der männlichen Jugend nicht verschmähte, in weinseliger Nacht allerlei Unfug an Schildern und Hausklingeln zu verüben, so kam es auch heute wohl vor, dass sich am Morgen ein Fenster mit schönen Bildern verklebt fand oder ein wohl verpacktes Bouquet zum Schornstein hereinspazierte.

Aromasia Duftemann Ozodes, die allverehrte Künstlerin, seufzte leise, nachdem sie wieder vergebens in der Menge der Luft-Droschken nach dem Ziele ihrer Sehnsucht gesucht hatte.

«Wo nur Oxygen bleiben mag?» klagte sie sanft in den wohltönenden Lauten der deutschen Sprache. Denn wenn man auch im gewöhnlichen Verkehre sich fast ausschließlich der neu eingeführten Universalsprache zu bedienen pflegte, so sprach man doch die zarten Empfindungen des Herzens in den süßen Klängen der ursprünglichen Muttersprache aus.

«Merkwürdig», fuhr sie fort, «dass er nicht nach seiner

Gewohnheit längst zu mir geeilt ist. Schon 9 Uhr 84 Minuten 70 Sekunden?*

Und auch Magnet kommt nicht — aber die Dichter sind unpünktlich. Er sinnt gewiss auf ein Grunzulett; und dazu braucht er Zeit.»

Das Grunzulett ist nämlich eine neue Dichtungsform, welche die des Sonetts, des Gasels, der alcäischen Strophe und des Familienromans in sich vereinigt, leider aber nur in der modernen Universalsprache zu leisten ist, weil seine Hauptschönheit darin besteht, dass Alliteration und Reim durch eigene Selbstvernichtung sich zu einer neuen Form, der «in sich zurückkehrenden unendlichen Lautquetsche« verbinden.

Jetzt griff Aromasia nach dem neben ihr liegenden Doppelfernrohr und sah scharf nach einer Stelle der Vorstadt, welche ungefähr 25 Kilometer von ihrem Standpunkte entfernt sein mochte; eine jener schon erwähnten kleinen Wolken erhob sich gerade darüber.

«Es ist Oxygen», sagte sie beruhigt bei sich, indem das Fernrohr sinken ließ. «Ich erkenne seine Maschine. Er ist also beschäftigt und wird erst später erscheinen. So muss ich mir denn bis zu seiner Ankunft die Zeit nach eigenem Geschmack vertreiben. Wohlauf, meine getreue Kunst! Ihr gewaltigen Gedanken der großen Duftmeister sollt mir die schleichende Stunde verkürzen und meine Seele in die Regionen wunschlosen Wahnes tragen!»

Sie trat auf die Versenkung und befand sich wenige Augenblicke später in ihrem geschmackvoll eingerichteten Zimmer. Ein Instrument in der Gestalt eines Pianos stand in der Mitte. Sie öffnete den Deckel und griff in die Klaviatur des Ododions; bald schwelgte sie in den Wonnedüften einer Phantasie von Riechmann, und harmonische Wohlgerüche durchströmten das Zimmer.

Das Ododion (von griech. οδόδή, der Geruch) oder Ge-

---

*Man teilte den Tag in zweimal zehn Stunden à 100 Minuten à 100 Sekunden.

ruchsklavier wurde im Jahre 2094 von einem Italiener namens Odorato erfunden und im Laufe der Zeit, entsprechend den Fortschritten der Chemie, bedeutend vervollkommnet. Das Instrument unserer Künstlerin war aus einer deutschen Fabrik und zeichnete sich durch seinen großen Umfang an Gerüchen aus; es reichte von dem als unterste Duftstufe angenommenen dumpfen Keller und Modergerüchen bis zum Zwiblozin, einem erst im Jahre entdeckten äußerst zarten Odeur.

Jeder Druck auf eine Taste öffnete einen entsprechenden Gasometer, und künstliche mechanische Vorrichtungen sorgten für die Dämpfung, Ausbreitung und Zusammenwirkung der Düfte. Nachdem man die Musik auf einen solchen Höhepunkt der Vervollkommnung gebracht hatte, dass das Ohr unmöglich mehr ertragen konnte, hatte man seine Aufmerksamkeit der so sehr vernachlässigten Nase zugewandt. Die Feinheit des Geruchsorgans war freilich bei der Menschheit in der Rückbildung begriffen; aber warum sollte man diese nicht steuern können? Kein anderer Sinn wirkt gleich lebhaft auf unsere Ideenassoziation, wie der des Geruchs; es lag nahe, ihn künstlerisch dazu zu verwerten, bestimmte Vorstellungen und Empfindungen in uns hervorzurufen. Man studierte die Eigentümlichkeiten und Wirkungen der Gerüche, fand die Gesetze ihrer Harmonie und Disharmonie, anfänglich auf empirischem, später auch auf theoretischem Wege, die Chemie stellte immer wohlfeiler die notwendigen Aromen her, und nachdem das Ododion erst als Kuriosum gezeigt und auf Rundreisen durch die Städte von aller Welt angestaunt worden war, bürgerte es sich bald in den Familien, im Privatkreise ein. Die größten Duftmeister, zuerst Naso Odorato, dann Stinkerling, Frau Schnüffler, Riechmann, Aromasias Eltern selbst, Herr Duftemann und Frau Ozodes, eine Griechin, leisteten, welche den Tonwerken der größten Musiker dreist an die Seite gestellt werden konnten, und bald war das Ododion, das namentlich in seiner Verbindung mit der menschlichen Stimme hinreißend wirkte, so in allen Häusern eingebürgert, wie vor fünf Jahrhunderten das Klavier. Töchter und Söhne räucherten in ihren Mußestunden darauf herum, und die Nachbarn klagten und jammerten über die Stümperei, die Geruchsüberladung und Nasenmarter gerade so, wie man früher über das Flügelspiel und die Ohrenquälerei herzog.

Aromasia Duftemann Ozodes aber war eine Künstlerin im wahren Sinne des Worts. Ihre Duftakkorde umstrickten die Seele mit Allgewalt. Springauf, Flieder und Rosen führten die Träume in die holde Zeit des Sommers und der jungen Liebe; aber allmählig verschwimmen diese Düfte, wir glauben vor verwelkten Blumen zu stehen und ein Gemisch von Jasmin und Schnittlauch durchzieht das Gemüt mit unendlicher Wehmut. Und nun aus der Ferne, durch diese Wehmut hindurch, riechen wir den Hohn, den Leichtsinn des Treulosen im Dufte des Weines; mehr und mehr umhüllen uns Alkoholdämpfe — da, wie ein Aufschrei des Entsetzens, ein Missgeruch! Pulver ist es — dann dunkle Grabesluft — — — Noch einmal im unendlichen Schmerz erheben sich die Duftakkorde, dann verduften sie in stiller Resignation. —

Aromasia ließ die Hand sinken. Da fühlte sie dieselbe ergriffen und mit heißen Küssen bedeckt. Magnet Reimert-Oberton war unbemerkt zum Fenster herein luftvelocipediert und zu ihren Füßen niedergesunken. Noch bebte seine Seele im Nachgefühl des Spieles Aromasia's.

Magnet führte wie alle Leute einen Doppelnamen. Der rechtlichen Gleichstellung der Frauen gemäß behielten die Kinder sowohl den Namen der Mutter als den des Vaters; verheirateten sie sich, so ließen die Töchter den Namen des Vaters, die Söhne den der Mutter fort und nahmen dafür den des Gemahls hinzu.

Reimert-Oberton war ebenfalls Künstler, und zwar Dichter. Nach unseren Begriffen würde man ihn als einen unerträglichen Realisten bezeichnen, dem damaligen Zeitalter aber galt er nicht nur als ein übermäßiger Idealist, sondern auch als weichlicher Romantiker. Denn er stand noch auf dem Standpunkte der Dichter des dreiundzwanzigsten

Jahrhunderts, welche sich gern in das Zeitalter des Dampfes zurückträumten, in jene Tage, als die Menschen noch gezwungen waren, zu den Bergen aufzusehen. Er verzweifelte an der Macht der Poesie in einem Jahrhundert, in welchem man den rechnenden Verstand vergötterte, und pries die Zeit des Neumittelalters glücklich, in welcher es nicht darauf ankam, an ein heiliges Wunder zu glauben und mit Klopfgeistern zu verkehren. Eine Neuerung jedoch hatte er versucht, welche ein Verdienst um die Literatur bildete, nämlich die Einführung der begrifflich strengen wissenschaftlichen und technischen Bezeichnungen der Vorgänge in die Poesie, an Stelle der auf einer veralteten Anschauung beruhenden sogenannten poetischen. Übrigens dichtete er meist deutsch und verfasste nur die Grunzuletts in der Universalsprache.

«O große Aromasia», rief er jetzt, «des vierundzwanzigsten Jahrhunderts erhabenste Ododistin! Ihnen gehört der Schwingungszustand meiner Gehirnzellen, Ihnen bebt jede Nervenfaser meines Rückenmarks! Wie die Flur den durch die mit Wasserdämpfen gesättigte Morgenluft stark absorbierten Sonnenstrahlen entgegenseufzt, so zittern nach den Düften Ihres Ododions die zarten Häute meiner Nase!»

«Magnet», erwiderte Aromasia mit dem Finger drohend, «seien Sie nicht unartig! Sie vergessen wieder, was wir ausgemacht haben — Ihre Anbetung ist gestattet, aber in geziemenden Grenzen. Sie verdienten wirklich, dass Ihnen mein Bräutigam einen Regenguss über den Hals schickte. Ich muss Oxygen darum bitten.»

«Grausame! Ich fürchte keine Kondensation — die lebendige Kraft meines heißen Blutes wird die Wassermoleküle auseinandertreiben.»

«Warten wir das ab! Übrigens wissen Sie selbst, wie sehr Sie übertreiben. Ihre Schmeicheleien müssen mir wie Spott klingen, denn ich kenne zu gut meine schwachen Kräfte, welche die Ideale meiner Nase nicht erreichen. Wo bleibt die Gedankentiefe eines Riechmann in meinem Gedüftel. Riechen* Sie hier diesen einfachen Übergang vom aromatischen Drei-Duft durch den halben Mollgeruch in die Schlussozodie. Was liegt nicht alles in diesem einfachen Zuge! Kraft, Todesmut, Stärke, Stiergebrüll, die ganze Geschichte der Erfindung des elektromotorischen Schnellwagens, Menschengröße, Gewitter, Winzertanz und sogar die Elemente der Kometenbahn von 1980. Das kann aber auch nur ein Richard Riechmann.»

«Sie sind zu bescheiden. Haben doch auch Sie schon die Überwindung des Materialismus durch den Kritizismus und die Vollendung des Nicaragua-Kanals auf dem Ododion dargestellt.»

«Es sind schwache Versuche! O Magnet, wann wird uns der Meister erstehen, welcher das Geruchsdrama der Zukunft schafft! Riechmann? Ihm mangelt die gestaltende Kraft der Sprache — ach, Magnet, warum sind Sie kein Duftkünstler?»

«Weil ich leider nur ein Dichter bin, aber ein schlechter. Doch nicht in der Zukunft dürfen Sie unsere Ideale suchen, greifen Sie zurück in die Vergangenheit.»

«Ich bitte Sie, Shakespeare, Goethe —»

«Viel zu veraltet, nein — aber Anton Feuerhase und sein Trauerspiel «Die letzte Lokomotive»! Das ist Poesie! Denken Sie an die Schlussszene mit der Musik von Brummer — die Ododionbegleitung ist, glaub' ich, von Stinkerling — wie der Kessel platzt, der unselige Lokomotivführer, der im Zwiespalt der Pflichten zwischen der Rettung des Publikums und des Eigentums der Bahnverwaltung untergeht, in die Luft geschleudert, mitten zwischen den Trümmern, nachdem er schon die Kinnlade und ein Bein verloren, hinunterdonnert zu den Waggons:

'Der Eilzug stürzt! Ade mein Bein! Bremst! Bremst!'

Wenn dann der Vorhang fällt und die Musik das Ge-

*Aromasia sagte «räuchen Sie«. Man hatte zur Unterscheidung vom Intransitivum «riechen« das Transitivum «räuchen« gebildet und sagte: Die Rose riecht, roch, hat gerochen: der Mensch räucht, räuchte, hat geräucht. Leider müssen wir noch beim Alten bleiben.

räusch der Bremsen noch nachtönen lässt, dann erst fühlt man, was die Dichtkunst vermag. Und mir gelingt es nicht einmal, ein armseliges Grunzulett in's Deutsche zu übertragen.»

«Aber es gelingt Ihnen, so manches Gemüt zu erheben über die Gewöhnlichkeit des Lebens, und sich unabhängig zu fühlen vom verwirrenden Urteil der Menge. Und das ist es, was ich an unserer Kunst preise.»

«Nicht alle werden es Ihnen zugeben. Die Partei, welche sich den Namen der 'Nüchternen' gegeben hat, behauptet, dass nur durch die Bildung des Verstandes ein Fortschritt der Menschheit möglich sei; dass die intellektuelle Entwicklung, wie sie die Emanzipation von der Naturgewalt geleistet habe, auch allein im Stande sei, von den Leidenschaften zu befreien und die Menschheit ihrer sittlichen Vollendung mehr und mehr entgegen zu führen; ja, dass wir den Errungenschaften der Wissenschaften allein den hohen Kulturzustand der Gegenwart in ethischer Beziehung verdanken, unsere Toleranz, unsere Milde, unsere Reinheit der Gesinnung.»

«Magnet, Sie erinnern mich zur Unzeit an diesen unseligen Parteienstreit, der so tief in die Verhältnisse unseres Lebens eingreift. Sie wissen, dass hier der einzige Punkt liegt, der mich von Oxygen trennt, dass hier allein unsere Meinungen auseinandergehen. Und doch kann ich nicht anders, wie lieb ich meinen Bräutigam habe — es ist meine heiligste Überzeugung, dass allein dem Einflusse der Künste, insbesondere der Ododistik auf den Menschen die Erhebung der Sittlichkeit und die Förderung der Zivilisation zugeschrieben werden kann. Nur zu oft macht diese Meinungsverschiedenheit uns bittere Stunden, und ich fürchte —»

«Nicht doch, Aromasia! Sie sagten selbst so oft, dass bei der Gewohnheit unserer Zeit, jegliches Urteil gelten zu lassen und die Sache von der Person zu trennen, eine persönliche Anfeindung aus einem Streit der Anschauungen überhaupt nicht mehr entstehen könne. Wie mögen Sie solche

Befürchtungen durch die aus den Bewegungen Ihrer Mundhöhle resultierenden Schallwellen ausdrücken?»

«Weil ich gar nicht so sicher bin, dass unser Zeitalter wirklich auf einer so gepriesenen Höhe objektiver Betrachtung steht. Wäre es nur ein rein theoretischer Streit, um den es sich handelte, so wollte ich mich beruhigen. Aber wie oft auch die Nüchternen dies behaupten mögen, es ist nicht wahr. Hier liegt ein Gegensatz vor, der tief in der Natur des Menschen begründet ist, der immer bestanden hat und bestehen wird, und sich gegenwärtig nur in dieser Form ausspricht. Wir sind nicht mehr im Stande in tödliche Feindschaft zu geraten, weil einige religiöse Dogmen bei dem Einen anders lauten als beim Nachbar, aber der unauslöschliche Kampf entgegengesetzter Ideale äußert sich dafür im Parteihader der 'Nüchternen' und der 'Innigen'. Die Namen sind unglücklich genug gewählt. Die Nüchternen sind die allerschlimmsten Fanatiker: wenn sie sich auf die 'nüchterne Überlegung' berufen, so lügen sie. Ihre innerste Gemütsanlage ist eben fremd und abgeneigt den warmen Empfindungen einer ideal fühlenden Seele, die das Leben erfasst, wie es sein soll, und nicht zergliedert, wie es ist.»

«Seien Sie nicht so böse, Aromasia», tröstete Magnet. «Bei diesen Leuten sind nun einmal die Zentralorgane der Geruchsempfindung, das Subiculum des Ammonshorns oder die Spitze der 'hakenförmigen' Windungen schlecht entwickelt. Ihr Gehirn ist einer feinen Duftempfindung nicht zugänglich und sie werden eine Aromasia nie verstehen.»

«Und Oxygen?»

Magnet schwieg. Sanft irrten Aromasias Finger über die Tasten, die zarte Wohlgerüche ausströmten.

Eine Luftdroschke schwirrte vor das Fenster, Oxygen führte sie. Er stellte die Schraube des Apparates horizontal, so dass die Drehung derselben den Wagen nur schwebend erhielt, ohne ihn fortzutreiben, befestigte das Fahrzeug am Fenster und trat mit freundlichem Gruß ins Zimmer.

Aromasia eilte ihm entgegen und begrüßte ihn herzlich.

Ihr folgte Magnet. Oxygen näherte sich, Aromasia an der Hand führend, dem Fenster und blickte in ein dort aufgestelltes Mikroskop.

«Allerliebst», sagte er, «ich gratuliere, Aromasia. Selten habe ich einen so vorzüglichen Urschleim gesehen, als diesen hier. Prächtig gelungen.»

«Dir zu Liebe, Oxygen», erwiderte seine Braut. «Ich weiß, wie sehr Du Dich freust, wenn ich mich Deiner kleinen Lieblinge annehme. So habe ich manche Stunde vor dem Mikroskop gesessen und der Zellbildung zugesehen.»

Es war damals Mode, den sogenannten Urschleim, das niedrigste organische Gebilde, aus anorganischen Stoffen zu ziehen. Professor Selberzelle hatte den Triumph gehabt, die erste zweifellose Urzeugung zu beobachten, und statt mit Papageien oder Schoßhündchen spielten Damen und Herren in ihren Mußestunden jetzt unter dem Mikroskop mit den zarten Urschleimtypen.

«Du bist später als gewöhnlich gekommen», fuhr Aromasia fort. «Du hattest viel zu tun?»

«Leider, ich bin sehr mit Bestellungen überhäuft, das Wetter ist bei uns ausnahmsweise trocken und ich habe alle Mühe, Wasser genug zu schaffen. Und heute hatte ich besonders viel zu besorgen, denn ich wollte mich für morgen freimachen. Ich habe Dir nämlich einen Vorschlag mitzuteilen — ich denke, Magnet, Du wirst auch dabei sein?»

Nun entwickelte Oxygen seine Idee.

Oxygen Warm-Blasius war seines Zeichens nichts Geringeres als — Wetterfabrikant; das heißt, er war Besitzer eines großen Etablissements, welches Apparate herstellte und verlieh, um Veränderungen in der Atmosphäre künstlich hervorzurufen. Dies geschah durch chemische und physikalische Kräfte; da wurden Dämpfe entwickelt, große Luftmassen erhitzt oder abgekühlt, obere Luftschichten in niedere Regionen gesogen, tiefere hinaufgepresst, Wolken gebildet und zerstreut. Oxygen's Geschicklichkeit hatte sein Etablissement zu einem sehr beliebten gemacht.

«Ich habe also für morgen meine Geschäfte bereits geordnet», fuhr er jetzt fort, «um mit Euch eine kleine Partie für den ganzen Tag zu arrangieren. Es ist nämlich gerade morgen einer der so sehr seltenen Tage, an denen die ganze nördliche Erdkugel heiteres Wetter besitzt und wir können daher unsern Ausflug beliebig einrichten, ohne künstlicher Hilfe zu bedürfen oder irgend eine Störung befürchten zu müssen.»

«Und wohin willst du?» fragte Magnet.

«Ich schlage vor, nach dem Niagara-Fall zu fahren. Anfänglich dachte ich an die Nilquellen, aber dort waren wir erst im Winter, und in den Tropen ist auch der Aufenthalt in gegenwärtiger Jahreszeit nicht gerade angenehm.»

«Zum Niagara», rief Aromasia, «das hast du gut ausgedacht, Oxy! Aber da müssen wir wohl zeitig hinaus?»

«Wenn wir um sechs Uhr abfahren, so haben wir genug Zeit, auch ohne unsere Maschine zu sehr anzustrengen. Selbst wenn wir uns vier Stunden* am Falle aufhalten, können wir um 10 Uhr Abends wieder zurück sein. Sechs Stunden brauchen wir zur Hinfahrt. Ich würde aber vorschlagen, lieber schon um vier oder ein halb fünf Uhr, gleichzeitig mit der Sonne, aufzubrechen. Da wir nach Westen fahren, können wir unsere Geschwindigkeit so wählen, dass wir der entgegengesetzten Drehung der Erde ganz genau das Gleichgewicht halten und sie für uns paralysieren. Wir genießen dann, den Blick zurückgewendet, das Schauspiel eines sechsstündigen Sonnenaufgangs, der sich auf dem atlantischen Ozean ganz prachtvoll macht —»

«Vor uns den Tag und hinter uns die Nacht» zitierte Magnet.

«Eigentlich müsste es bei uns umgekehrt heißen», meinte Oxygen, «aber wir müssen die Alten verbrauchen, wie sie sind.»

«Dieser Ausfall sei dir verziehen, teurer Oxygen», rief Magnet, «denn deine Idee ist wirklich brillant, grunzulet-

*Zur Bequemlichkeit für den Leser des 19. Jahrhunderts (wir begnügen uns für diesen zu schreiben) sind hier solche Stunden genommen, von denen 24 auf einen Tag gehen.

tal! Freilich kommen wir auf diese Weise auch schon nach unserem Ziele, wenn es dort erst vier Uhr Morgens ist.»

«Dafür, weiser Dichter, entgehen wir auch der Mittagshitze auf dem Lande. Um acht oder neun Uhr brechen wir dann auf, sechs Stunden zurück, d. h. relativ zwölf Stunden, da wir jetzt der Sonne mit derselben Geschwindigkeit entgegeneilen, als wir auf der Hinfahrt vor ihr herflogen — und um acht Uhr nach mittlerer Berliner Zeit sind wir wieder zu Hause, also noch bei Tageslicht.»

«Und für morgen bist Du des Wetters ganz sicher?» fragte Aromasia.

«Überzeuge dich selbst», erwiderte Oxygen, indem er aus seinem Wagen den Wetteratlas holte und den betreffenden Tag aufschlug.

Im Wetteratlas findet sich auf ein halbes Jahr im voraus für jeden Tag der Zustand der Atmosphäre auf der ganzen Erde angegeben. Bis auf die halbe Meile und die Viertelstunde bestimmte die Meteorologie die Witterung mit mathematischer Genauigkeit. Auf kolorierten Erdkarten in großem Maßstabe waren diese wissenschaftlichen Ergebnisse verzeichnet, jedem Tage gehörte eine Karte.

«Ihr seht», fuhr Oxygen fort und blätterte in den Karten. «Regenstreifen überall im Westen — nur morgen prachtvollstes Wetter. Also abgemacht?»

«Abgemacht! Vorbereitungen sind ja nicht nötig.»

«Gut, so fahren wir morgen früh 4 Uhr in meinem neuen Motor.«

«Das muss ich gestehen», fügte Aromasia hinzu, «dieses Verdienst der Wissenschaft erkenne ich an, welches sie sich um unsere Garderoben erworben hat. Wie grässlich muss es gewesen sein, als man von solchen Zufälligkeiten, wie es ein Regenguss, ein Windstoß scheinbar sind, in allen seinen Bestimmungen abhängig war.»

«Nur von einem Naturzwange konnten wir uns vorläufig nicht befreien», sagte Oxygen lächelnd, «nämlich vom Hunger. Und ich muss gestehen, es wäre mir lieb, wenn —»

«Wir sind bereit», rief Aromasia, indem sie einen kräftigen Bratengeruch auf dem Ododion anschlug.

Und die Gesellschaft bestieg den Luft-Motor Oxygens, um sich in das Speisehaus zu begeben.

II. Im Pyramidenhotel

Im großen Speisesaale des Pyramidenhotels herrschte ein reges Leben. Luftdroschken fuhren ab und zu; an den Büffets, welche sich längs der Wände hinzogen, drängten sich die Geschäftsleute und die Durchreisenden im Vorbeigehen die Universal-Kraft-Extraktpillen dieser oder jener Speise einzunehmen, welche sie in den Stand setzten, in wenigen Sekunden eine Mahlzeit von mehreren Gängen zu genießen. Diejenigen, welche mit ihrer Zeit in gleichem Maße zu sparen nicht nötig hatten, saßen an den geschmückten Tafeln in der Mitte des Saales. An jedem Platze befand sich eine Anzahl Knöpfe, deren Aufschriften die Speisekarte darstellten, und ein Druck auf dieselbe zauberte, dem «Tischlein, deck dich« gleich, die verlangte Schüssel unter der Tischplatte hervor.

Die Verkehrsmittel des 24. Jahrhunderts ließen jedes Land seine Tribute darbringen. Dieses Schnabeltier hatte noch vorgestern in Tasmanien die Ameisen in Schrecken gesetzt; der Singschwanflügel, den Aromasia eben zerlegte, war erst gestern in Nowaja Semla vom Schlage des elektrischen Jagdgewehrs gelähmt worden. Die Zeit der Reife schien keinen Einfluss mehr auf den Verbrauch der Früchte zu üben. Auf dem unendlichen Streifen, welcher in der Mitte des Tisches alle auf ihm nieder gestellten Tafelzierden in steter Bewegung an den Gästen vorüberführte, prangten die schönsten ungarischen Trauben neben deutschen Erdbeeren, Apfelsinen, vor einer Stunde in Sardinien vom Baume gepflückt, daneben fleischige Acaju-Nüsse aus Brasilien und in kleinen Kristall-Schalen frische Kokosmilch von den Nikobaren.

Gemischt aus allen Zonen, wie das Menü, waren auch die Scharen der Speisenden. Denn die ganze Menschheit war in einem ewigen Wandern und Strömen durcheinander begriffen. Obgleich dies mehr an den Büffets, weniger an den Tafeln hervor trat, wo fast nur die einheimischen Familien speisten, war doch auch hier der kosmopolitische Zug des Jahrhunderts wohl zu merken. Mit Ausnahme des allerreichsten Teiles der Bevölkerung, welcher es durchsetzen konnte, seinen eigenen Tisch zu haben, war jeder darauf angewiesen in den öffentlichen Garküchen zu speisen. Denn mit der Vermehrung der Bevölkerung konnte die Produktion der Nahrungsmittel nur mühsam Schritt halten, und die Verteuerung der Rohstoffe ließ sich nur dadurch ausgleichen, dass die Kosten der Zubereitung durch die Speisegenossenschaften auf ein Minimum reduziert wurden. Die Güte und Reichhaltigkeit der Gerichte konnte dadurch natürlich nur gewinnen, leider aber verlor der Familienzusammenhang und die Poesie des Hauses umso mehr durch die nivellierende Öffentlichkeit. Schwarzseher prophezeiten wohl schon den Untergang der Sitte und Kultur; aber das ist allezeit geschehen, und jeder Vorurteilsfreie musste eingestehen, dass trotz manch wunderlicher Gegensätze zu gleicher Höhe sittlicher Freiheit und allgemeinen Glückes die Menschheit sich noch nie erhoben hatte. Mit Eifer blickte man nach den großen Tafeln der Drucktelegraphen im Hintergrund des Saales, auf welchen die zahlreichen Nachrichten aus allen Weltgegenden sofort selbsttätig in stenographischer Schrift sich verzeichneten.

Das Tagesgespräch bildete der Konflikt zwischen den Vereinigten Staaten und dem chinesischen Kaiserreich, welches ihnen das Durchflugsrecht zu wehren versucht. Doch wollte man an einen Krieg nicht glauben, da man sich von der Hoffnung nicht trennen konnte, der sogenannte Eisenbahnkrieg zwischen Russland und China im Jahre 2005 möge der letzte Krieg der zivilisierten Erde gewesen sein. Die Chinesen waren durch den selben gezwungen worden, ihr Land dem europäischen Eisenbahnverkehr zu eröffnen: aber in demselben Jahre, in welchem die mittelasiatische Pazifik-Bahn vollendet war, erlitt das Verkehrswesen durch die Erfindung des Luft-Motors eine derartige Umwälzung, dass die russischen Errungenschaften bald ihre Bedeutung verloren. Auch an Aromasias Tische sprach man von den politischen Verhältnissen, und es war natürlich, dass man sich zu einem Vergleiche mit den Zuständen vor dem Eisenbahnkriege geführt fand. Magnet konnte unmöglich von seiner Lieblingsepoche reden hören, ohne sich mit einer Lobrede auf dieselbe am Gespräch zu beteiligen; und Oxygen wurde dadurch unwillkürlich herausgefordert, die Gegenwart der Vergangenheit gegenüber in Schutz zu nehmen

«Vor allen Dingen können Sie doch nicht leugnen», sagte er zu Magnet, «dass in Allem, was den Komfort des Lebens und das physische Wohlbefinden der Menschheit — ohne Bevorzugung der Einzelnen — anbetrifft, unsere Zeit alle früheren Epochen ungemein überragt. Wie wäre es möglich gewesen, dass alle Schichten der Bevölkerung in gleichem Maße an den Vorteilen der Kultur partizipierten, hätte nicht der Fortschritt der Wissenschaften die Naturkräfte in so reichem Maße dienstbar gemacht und ihnen den Mechanismus der Arbeit so ausschließlich aufgebürdet, dass ein jeder ein menschenwürdigeres Dasein zu führen vermag? Wie wäre es möglich gewesen, die blutigen Revolutionen der verschiedenen Stände gegeneinander zu vermeiden, wäre nicht überall die Erkenntnis eingedrungen, dass nur im friedlichen Zusammenwirken aller Berufskreise der Ausgleich jener Unterschiede zu ermöglichen ist, welcher durch die individuelle Verschiedenheit der menschlichen Natur immer auf's Neue gesetzt wird. Nur die Einsicht in den Zusammenhang der geschichtlichen Entwicklung der Gesellschaft und das Ineinandergreifen der Wirkungssphären kann den ungünstiger Situierten veranlassen, sich mit dem zufrieden zu geben, was er seiner Kraft nach zu leisten vermag: und dieselbe Einsicht allein kann den Reichen und Mächtigen zwingen, seine Übermacht nicht zu missbrauchen und aus freien Stücken bei einer gewissen Grenze des Erwerbes sieh zu bescheiden, so dass die Vorteile der modernen Industrie und Technik wirklich der Gesamtheit zu Gute kommen. Und —»

«Erlaube», unterbrach ihn Magnet, «die Tatsache muss ich zwar anerkennen, dass wir die Klippe der sozialen Frage in ihrer krassen Form nach den großen Kämpfen des zwanzigsten Jahrhunderts glücklich umschifft haben. Deiner Hervorhebung der Ursache, die Du in der vernunftgemäßen Überlegung finden willst, kann ich aber in nur sehr geringem Maße zustimmen. All' diese Einsicht, alle theoretische Erkenntnis ist machtlos gegenüber der Gewalt des Erhaltungstriebes im Kampfe um's Dasein, gegenüber der angestachelten Lust an Besitz und Genuss und der Leidenschaft des Moments. Diese Kräfte konnten nur gebändigt werden durch eine Kraft des Gemütes, welche unseren Willen in gleich mächtiger Weise zu erregen und zu binden vermag. Sie konnten nur überwunden werden durch ein Ideal, wie es in jener herrlichen Zeit aufflammte und mit der Macht einer neuen Religion die Geister umfing, einer Religion, welche alle unhaltbaren und unzeitgemäßen Formen und Dogmen ausschied und jenen unsterblichen Kern des Christentums enthüllte, den ein Kant, ein Schiller vorahnend empfunden. Vielleicht hat die Überlegung, dass der Einzelne nur im Ganzen zu existieren und zu wirken vermag, dass die heilige Ordnung allein Staaten und Menschen erhalten kann, dass nicht das erreichte Ziel, sondern das Streben und Ringen allein das Glück enthält und dass ein Jeder nur sich zufrieden fühlen kann in dem beschränkten Kreise, der die volle Betätigung seiner Energien zulässt und abgrenzt — vielleicht hat diese Überlegung jenes Ideal allmählig erzeugt. Aber sie musste erst in einer Reihe von Generationen durch fortschreitende Vererbung 'in Fleisch und Blut' übergehen, d.h. aus einem Schlusse des Verstandes sich verwandeln in ein Axiom der sittlichen Anschauung; sie musste zu einem Ideale werden, das hoch über allen Wechselfällen der Wirklichkeit als ein unverrückbarer Leitstern jede Entschließung bestimmt, jeden Widerspruch verstummen macht.»

«Und sollte dies Alles nicht auch durch einen Fortschritt der Erkenntnis zu erreichen sein? Durch die ausgebildete Fähigkeit, in einem Augenblicksschlusse ähnlich den Schlüssen des Taktgefühls, die ganze Reihe der Möglichkeiten zu überblicken und daraus diejenige Bestimmung zu treffen, welche dem eigenen Anspruche und dem Rechte der Allgemeinheit am Besten entspricht? Das aber ist ein intellektueller Fortschritt. und wir befinden uns auf rein wissenschaftlichem Gebiete. Von diesem Fortschritt leite ich den Gesamtfortschritt der Menschheit ab. Wir alle sind einig darin, dass unser Zeitalter sich auszeichnet durch sein geistiges Gleichgewicht, durch seinen Edelmut, seine liberale Gesinnung, welche es unmöglich macht, in die Niederungen hämischen Streites, zur Absicht beleidigender Kränkung zurückzukehren. Ich erkläre es geradezu für unmöglich, dass aus dem Streite entgegengesetzter Meinungen heutzutage ein persönlicher Hass, ja nur eine tatsächliche Anfeindung hervorgehen könne. Und wodurch haben wir das erreicht?»

«Durch die Ododik», warf Aromasia ein.

«Nein, Liebste, allein durch die Erkenntnis und Beherrschung der Natur. Der Mensch, der sich seiner Stellung zum Ganzen der Welt bewusst ist, begreift auch zugleich das Verhältnis, in welches er sich gerechter Weise zu seinen Mitmenschen stellen muss, um auch ihnen die Freiheit der Bewegung zu garantieren. Er begreift, dass Freiheit nur bestehen kann in vernünftiger Unfreiheit, dass nur die gehorsame Unterwerfung unter das Gesetz freizumachen vermag. Diese Einsicht macht uns gerecht, tolerant, neidlos, friedliebend, sie erhebt uns so hoch über jene düsteren Zeiten, in denen schon eine Verschiedenheit der metaphysischen Überzeugung genügte, die wildesten und zerstörendsten Affekte zu entfesseln. Ob man dabei Ododion räuchert oder nicht, das ist vollständig gleichgültig.»

«Oxygen», sagte Aromasia, «Du bist sehr unartig. Ich vermisse wieder einmal den Respekt, den Du vor der Kunst haben solltest, welche meine Lebensaufgabe ausmacht.»

«Beste Aromasia, ich hoffe Du wirst Deine Lebensaufgabe noch anders auffassen lernen.»

«Niemals — mein Oxygen! Ich kann und darf es nicht dulden, dass Du durch Deine absprechenden Theorien jedes innige Gefühl mit Füßen trittst. Wenn nicht einmal unsere innere Güte und Liebenswürdigkeit, unsere Vorurteilslosigkeit und Selbstlosigkeit aus der warmen Empfindung unseres Herzens stammen soll, dann musst du auch diese selbst leugnen, und jedes künstlerische Bestreben könnte sich zum Sirius scheren!»

«Ich muss Ihnen beistimmen», sagte Magnet.

«Das tut mir leid», entgegnete Oxygen, «aber ich erhalte meine Geringschätzung Eurer schönen Künste aufrecht. Der Schwerpunkt des modernen Lebens kann nur in dem Fortschritt des Erkennens liegen. Und ich behaupte noch mehr. Wir werden durch die Wissenschaft dazu kommen, überhaupt jede Kunst aufzuheben und diese Spielereien überflüssig zu machen.»

«Oh, oh!»

«Ja, gewiss! Ihr wisst, dass wir durch die Natur unseres Erkenntnisvermögens gezwungen sind, alle Veränderungen in der Erscheinungswelt zurückzuführen auf die Bewegung von Atomen, Licht, Wärme, Elektrizität, chemische Verwandtschaft, Gravitation und wie immer die einzelnen Bewegungsarten de Stoffes heißen, sie alle unterscheiden sich nur durch die Größe und Zusammenordnung der schwingenden Atome und durch die Geschwindigkeit und Richtung derselben in ihren Bahnen. Nun kann man die meisten dieser Schwingungsarten in andere überführen, so dass jede Eigenschaft der Körper verändert und diese in einander umgewandelt werden. Nehmen wir an, wir seien so weit gekommen, dass man jede beliebige Bewegungsform in jede andere überzuführen vermag — haben wir nicht dann das Weltall in unserer Hand? Dann gilt wirklich das Wort des alten Philosophen nicht mehr als ein Widerspruch, dass Alles aus Allem werden kann. Und was sollte dann die vorangeschrittene Menschheit hindern, jene Umgestaltung der Atom-Bewegungen hervorzurufen, durch welche die Atome ihre gegenseitigen Bewegungen selbst aufheben? Dann wird eine relative Ruhelage derselben entstehen, ein Gleichgewicht der Kräfte — die Körper müssen sich ihrem Wesen nach vernichten und die Welten aus der Existenz verschwinden, ehe der natürliche Verlauf von selbst zur Erstarrung des Alls führt.»

«Aber bester Freund, Du weißt doch, dass die Atome und ihre Bewegungen eben auch nur unsere Vorstellungen sind, dass die ganze Welt in der Form, wie Du sie beschreibst, nur als unsere Erscheinung besteht.»

«Eben darum. Sie erscheint uns nun einmal nur in Form bewegter Atome — was sie an sich ist, bleibt gleichgültig; heben wir diese Bewegung auf, und die Erscheinung wird aufgehoben sein. Wir haben es ja nur mit einer phänomenalen Welt zu tun und kennen keine andere: diese aber muss vernichtet werden. Wenn die Welt für uns nicht mehr existiert, so ist es so gut, als existierte überhaupt nichts.»

«Und was wird aus unserer Empfindung, die doch offenbar als die innere Seite des Seins gar nichts mit der Bewegung zu tun hat?»

«Besteht nicht zwischen beiden ein vollständiger Parallelismus? Entspricht nicht tatsächlich jedem Empfindungs-Vorgang ein äußerer Bewegungs-Vorgang, welcher nur das Spiegelbild von jenem inneren ist, erzeugt durch unsere äußere Sinnesauffassung in Raum und Stoff? Hebe die Möglichkeit auf, dass das entsteht, was wir organisierte Wesen mit Zentralorganen des Bewusstseins nennen, und Du hast auch das Bewusstsein in seinen höheren Formen aufgehoben. Glaubst Du, dass der innere Bewusstseins-Inhalt einer Welt, welche einem äußeren Zuschauer, wie uns, nur als eine unzählbare Summe geradlinig neben einander durch den Raum ziehender Atome erscheinen würde, dass dieser Bewusstseins-Inhalt noch eine Welt genannt werden kann? In diese Form ohne wechselnden Inhalt muss die Welt umsetzbar sein!»

«Und wenn Du selbst mit dieser Theorie einer möglichen

Selbstvernichtung der Welt Recht hättest, die doch übrigens nur in einer unabsehbaren Zukunft zu realisieren wäre, wenn wir den leicht zu erhebenden Einwand ganz außer Acht lassen wollten, dass ja doch unser menschliches Bewusstsein nicht das einzige seiner Art in der Welt sein dürfte und dass immer und immer Formen des Seins existieren werden — wie gesagt, abgesehen von all' diesem, so bist Du doch immer noch die Begründung Deiner Geringschätzung unserer Kunst uns schuldig geblieben. Sind wir es denn nicht, die in diesem unentfliehbaren Mechanismus uns den Rest von Freiheit bewahren, der allein das Leben erträglich macht? Sind wir es nicht, die der Menschheit die Rettung vor der niederdrückenden Schwere der Wirklichkeit in das heitere Reich des Idealen allein ermöglichen, indem wir alle edleren und zarteren Regungen des Gemütes leiten und beherrschen? Nur durch die Kunst ist es möglich, Stimmung zu erzeugen, d. h. einen Gesamtzustand unseres Seelenlebens hervorzurufen, in welchem wir in dem Lustgefühl des in sich abgeschlossenen Empfindens gewissermaßen erfahren, was es heißt zu sein.»

«Diese Rolle eben, welche die Künstler jetzt spielen, werden künftig die Physiologen übernehmen. Wenn Ihr mit Euren Kunstwerken die Menschen in eine Stimmung versetzen wollt, so kommt Ihr mir vor, wie ein Arzt, der die Aufgabe hat, einen Patienten von einer unverdaulichen Speise zu befreien und ihn zu diesem Zwecke eine Seereise unternehmen lässt, damit er die Seekrankheit bekomme. Wie würde Dir ein solcher Arzt gefallen? Du würdest sagen, warum gibt der Mann nicht lieber ein direktes Brechmittel? Ihr Künstler seid in derselben Lage — nur kennt Ihr eben das einfache, von innen wirkende Mittel nicht, Wir werden es auffinden, d. h. wir werden zeigen, wie man das Gehirn unmittelbar in jenen Zustand versetzen kann, den Ihr nach großer Mühe vermittels der Sinne durch Eure Kunstwerke hervorzurufen versucht. Und darum brauchen wir weder Dein Grunzulett, noch Deine Riechstückchen.»

«Dann muss ich Dir freilich sehr überflüssig vorkommen

— », erwiderte Aromasia gereizt. «Du redest, als wärest du ein Zauberer, der ohne Weiteres geschehen lässt, was er will. Es soll mich nicht wundern, wenn Du nächstens behauptest, man werde noch lernen, sich unsichtbar zu machen!»

«Und das behaupte ich auch.»

«Ich verstehe Dich nicht mehr.«

Oxygen zuckte die Achseln. Dann sagte er: «Von meiner Überzeugung kann ich nicht abgehen; und so gut ich an die dereinstige Selbstvernichtung der Welt und an die Zukunftslosigkeit der Ododik glaube, ebenso gut glaube ich, dass die Zukunft die Kunst des Unsichtbarwerdens erfinden wird.»

«So wünschte ich, wir lebten in dieser Zukunft; dann würde ich mich sofort unsichtbar machen, wenn Du so abscheulich sprichst.»

«Aromasia, jetzt verstehe ich Dich nicht mehr. Ich hoffe, Du scherzest nur.»

«Es scheint, dass wir uns nie verstehen werden. Solche Behauptungen kann ich nicht ertragen Sie widersprechen meinem innersten Wesen.»

«Ich begreife Dich auch nicht mehr», fiel Magnet ein. «Wie kannst Du im Ernste solche Ansichten aussprechen? Jede bürgerliche Existenz müsste dann aufhören, seiner Person, seines Eigentums wäre Niemand sicher. Ich sehe darin eine Sittenverderbnis ohne Gleichen! Wenn Ihr 'Nüchternen' doch nicht in so törichter Weise glaubtet, das Geheimnis des Seins von seinem Schleier befreien zu können. Sich unsichtbar machen! Merkt Ihr denn nicht, dass Ihr dem Reiche der Märchen und Hexereien zusteuert? Dass Ihr in selbstverschuldetem Kreise dazu gelangt, Eure eigenen Behauptungen von der Gesetzmäßigkeit der Natur aufzuheben? Ihr vernichtet Euch selbst, Ihr Kurzsichtigen!»

«Wo ist nun die Kurzsichtigkeit», rief Oxygen in heftigem Tone, «bei Euch, die Ihr glaubt, mit Ododion-Gestänker die Welt glücklich zu machen, oder bei uns, die wir bewusst sie der Menschheit zu Füßen legen? Allerdings muss es unser letzter Zweck sein, die Natur aufzuheben, die Atome in ihre relative Ruhelage zu bringen und zum ursprünglichen Nichts, zum Nullpunkt des Seins zurückzukehren.»

«Das ist eine Rohheit der Gesinnung», fuhr Magnet auf, «mit der Du Aromasia, mit der Du mich beleidigst! Seit wann ist es Sitte, so rücksichtslos sich zu äußern?»

«Und mit welchem Rechte stellst Du mich zur Rede?» fragte Oxygen aufstehend.

«Ich erteile ihm dies Recht», rief Aromasia. «Denn gegen Dich bedarf ich des Schutzes. Unerhört sind solche Auftritte nach unseren Schicklichkeitsbegriffen. Ich gehe. Begleiten Sie mich, Magnet.»

Die Gesellschaft trennte sich. Aromasia und Magnet warfen sich in eine Luftdroschke und flogen nach Aromasias Wohnung. «Es ist schändlich!» sagte Magnet. «Oxygen, der 'Nüchterne', der große Mann des vierundzwanzigsten Jahrhunderts, der eben das Wort gesprochen: Ich erkläre einen persönlichen Streit und theoretischer Meinungsverschiedenheit für unmöglich! Wo ist hier jene selige Ruhe des Gemüts, die aus der Erkenntnis fließen soll? Gehässige Angriffe gegen das, was das Heiligste für unsere Empfindung ist, Verletzung unserer innersten Interessen, das nennt er Objektivität der Betrachtung! Weinen Sie nicht, Aromasia. Er ist der Absonderung Ihrer Tränendrüsen nicht wert, welche die Kapillaranziehung Ihrer Augenwimpern nur mühsam gegenüber der Schwerkraft der Erde zurückhält! Weinen Sie nicht — setzen Sie sich an's Ododion, hier spielen Sie!»

Aromasia sprang auf.

«Nein», rief sie mit blitzenden Augen, «er ist der Trauer nicht wert! O, ich wusste es — ein Nüchterner! Ich wusste es! Aber — Rache!»

«Bleiben Sie ruhig, Aromasia, ich werde Sie rächen! Sie und mich! Ich werde uns rächen, wie es die Gesetze der Ehre erfordern, aber schärfer, an er es erwarten wird. Räuchern Sie, phantasieren Sie — ich sammle dabei meine Gedanken. Oxygen weiß sehr wohl, dass wir an die öffentliche Meinung appellieren müssen und werden — aber wie, wie wir ihn zerschmettern — das kann er nicht ahnen. Schon dämmert mir's! Aromasia — Sie spielen bezaubernd!»

Aromasia saß am Ododion und phantasierte. Groll, Hass, Verzweiflung sprachen aus den betäubenden, Nase zermalmenden Düften und rissen den Zuriechenden unwiderstehlich hin, bis sich alles in tiefen Schmerz der enttäuschten Liebe auflöste.

Magnet aber ruhte im Hängestuhl und sann auf das anklagende Rachegedicht gegen Oxygen. Auf dem Nullpunkt des Seins wollte er ihn darstellen, wie er ganz allein existierend ohne Raum und Zeit unsichtbar auf den gleichfalls unsichtbaren Leichnamen der Kunst und Sitte Hullu-Kullu tanzte! Das war der neueste Modetanz, dessen Pointe im Zusammenrennen der Köpfe bestand.

Eilig schrieb er an den Zeilen des Gedichts. Schon in der nächsten Stunde sollte es auf all' den öffentlichen Zeitungstafeln an den Ecken durch telegraphischen Selbstdruck erscheinen. Es musste eine niederschmetternde Wirkung üben und den Angegriffenen in Gesellschaft und Welt vernichten. Heute Abend, wenn Aromasia im Odoratorium spielte, musste sich die Wirkung zeigen. Triumphierend las Magnet sein Produkt Aromasia vor, welche es ododramatisch begleitete.

Widerstrebende Empfindungen kämpften in Aromasias Herzen; zu ihren Füßen saß Magnet, zufrieden und glücklich im Gefühl der befriedigten Rache und der innigsten Anbetung der Künstlerin, welche aus Essigäther und Zwiblozin die herrlichsten Gase mischte und den Augen heiße Tränen entlockte. Draußen aber, an den Türritzen, an den Fensterspalten, an den Öffnungen des Rauchfanges drängte sich die duftsaugende Menge, die bezaubernden Phantasien der großen Ododistin zu erhaschen.

III. Die Rache im Odoratorium

Das Odoratorium, die Stätte für öffentliche Geruchs-Aufführungen, war zu Konzertsaal und Theater als ein unentbehrlicher Erholungsort getreten. Es war das berühmteste und besuchteste Odoratorium der Stadt, für welches Aromasia dauernd engagiert war. An einem Tage wie dem heutigen, an welchem man das Auftreten Aromasias angekündigt hatte, wurde die Kasse schon am Morgen von dichten Mengen Riechbegieriger belagert, zumal es in der Natur der Ododik lag, dass die Odoratorien nur für eine verhältnismäßig geringe Zahl von Zuriechern gebaut werden konnten. So hatte die Aufsichtsbehörde genug zu tun, um die allzu kunsteifrigen Luftvelocipedisten zurückzuhalten, welche durchaus über die Körper der Harrenden hinweg in das Ausgabefenster dringen wollten.

Eine Stunde vor Beginn des odoratorischen Konzertes — wie diese Verbindungen von Ododionspiel und Musik hießen — waren Eintrittskarten bereits nicht mehr zu erhalten. Aber heute trat zu dem zu erwartenden Kunstgenuss auch noch ein anderes Motiv, welches das Publikum auf den Abend begierig machte, nämlich die Aussicht auf irgend ein Besonderes, Ungewöhnliches, einen Streit, einen kleinen Skandal — man vermutete Verschiedenes. Denn wie geschäftig und ruhelos die Zeit auch war, immer hatte sie doch Muße genug, den Privatangelegenheiten der Persönlichkeiten von öffentlicher Wirksamkeit ihre Aufmerksamkeit zu schenken, und viele fanden ein Vergnügen daran, dem Spiele hinter den Kulissen mindestens beizuwohnen, wenn sie nicht selbst daran mitwirken konnten.

Ein wundersames Gemisch von doktrinärem Ernst und naiver Rücksichtslosigkeit steckte in diesem Zeitalter, wie es uns nicht recht begreiflich erscheint. Aber die letztere erklärte sich daraus, dass die Potenzierung der Kultur in einer gewissen Beziehung die Gesellschaft der natürlichen Unabhängigkeit der Individuen wieder genähert hatte. Und so müssen wir dieser Geschichte manche Wunderlichkeit nachsehen. Es war nichts Ungewöhnliches, dass man zwischen den geschäftlichen Nachrichten und den Anzeigen der Vergnügungen auf den öffentlichen Tafeln Angriffe und Rechtfertigungen von Privatpersonen gemischt fand. Hatte doch schon das Neumittelalter, ob es gleich auf die Macht der Dampfpresse in den Zeitungen allein angewiesen war, diesen Weg eingeschlagen, die öffentliche Meinung zum Schiedsrichter in Privatstreitigkeiten zu machen, ja selbst für lange gereimte Nachrufe Teilnahme von ihr verlangt. Freilich galt diese Art der Öffentlichkeit damals nicht gerade für ein Zeichen von feinerem Takt oder geläutertem Geschmack. Aber man würde auch sehr irren, wenn man bei der „öffentlichen Meinung“ der Zeit Aromasias an jenes vielköpfige Ungeheuer von damals denken wollte, in welchem gerade die borniertesten Häupter am Lautesten schrieen und vor dem Lärm der unverständigen Menge die Stimme des Einsichtigen nicht zur Geltung kam. Da die Hilfsmittel der geistigen Mitteilung durch die Elektrotypie jegliches Erkennen so sehr erleichterten und der Bildungsgrad der Masse ein höherer geworden war, so konnte auch das Urteil des Einzelnen als ein gereifteres, seine Einsicht in den Zusammenhang der Ereignisse als eine tiefere gelten. Jegliche Nachricht wurde im Nu verbreitet, jegliche Erfahrung zum Allgemeingut gemacht. Zu diesen äußerlichen Hilfsmitteln aber trat ein inneres, im Geiste dieser bevorzugten Zeit liegendes Moment. Es war ein Ideal, das die Menschheit beherrschte und für welches es gegenwärtig keinen rechten Namen gibt. Ein mächtiges, tief eingewurzeltes Pflichtgefühl, ein allgemein verbreiteter, eigentümlicher Ehrbegriff wirkten zusammen, um das Bewusstsein von dem Werte der Menschheit und der gegenseitigen Unentbehrlichkeit ihrer Glieder aus einer schönen Phrase zu einer unabweichlichen Richtschnur des Handelns zu machen.

So konnte auch die Meinung der Gesamtheit geklärt und dem Irrtum minder unterworfen sein, so konnte es geschehen, dass sie in der Tat zu einer Macht emporgestiegen war, der niemand sich zu entziehen vermochte. Die Zahl der Verbrechen und Vergehen hatte ungemein abgenommen; gab es doch kaum noch Mittel, sie zu verheimlichen. Würde es immer so bleiben? Gewiss nicht. Gegenwärtig aber war die menschliche Gesellschaft auf einem glücklichen Höhepunkte ihrer Entwicklung angelangt. Wenn noch mitunter Verstöße gegen die Gesetze vorkamen, so genügte es meistens, dass die öffentliche Meinung den Schuldigen verurteilte, und er war sicherer unschädlich gemacht, ja vielleicht strenger bestraft, als wenn ihn das Gefängnis eingeschlossen hätte. Die öffentliche Meinung war nicht mehr ein blindes Urteil der Menge, sie war der konzentrierte Ausdruck einer Überzeugung der Menschen nach bester und aufrichtigster Einsicht.

Wie tief beleidigt musste Aromasia sein, dass sie Magnet gestattete, Oxygen der öffentlichen Meinung preiszugeben! Ja, ihr Name stand ebenfalls unter dem Gedichte des Angreifers. Anonymität kannte man nicht, sie wurde auch von der öffentlichen Meinung nicht anerkannt; und jene uns geläufige Scheu vor der Öffentlichkeit gab es im vierundzwanzigsten Jahrhundert überhaupt nicht. Die Appellationen an die öffentliche Meinung, welche, wie gesagt, etwas Alltägliches waren, machten im Allgemeinen kein Aufsehen; denn es waren immer nur kleinere und zunächst interessierte Kreise, welche über gewöhnliche Angriffe und Anklagen ihr Urteil sprachen und durch ihr moralisches Gewicht entschieden. Heute aber hatten die Chiffren des Elektrotyps, als sie auf den großen Tafeln sich abdruckten, eine außerordentliche Bewegung hervorgerufen. Denn erstens war der Angriff selbst ebenso gewandt und trefflich abgefasst als beißend und vernichtend; zweitens war er von dem bekannten Dichter Magnet Reimert-Oberton und der beliebten Ododistin Aromasia Duftemann-Ozodes unterzeichnet; drittens war er gegen einen verdienten und weit über die Grenzen seines Wohnortes hinaus allgemein geachteten Bürger, den Wetterfabrikanten Oxygen Warm-Blasius gerichtet, und viertens war dieser, wie jedermann wusste, der verlobte Bräutigam der Künstlerin. Dazu kam noch, dass man aus der äußeren Form erkannte, wie ernsthaft der Angriff gemeint sei. Denn während sonst die längste Zeitdauer, während welcher man eine solche Ankündigung an den öffentlichen Tafeln stehen ließ, einige Minuten betrug, waren bereits zwei Stunden verflossen, seitdem Aromasias und Magnets Gedicht an den Ecken glänzte. Da lag ein Ereignis zu Grunde, über dessen Motive man nicht so rasch wie gewöhnlich klar wurde, und undeutliche Gerüchte aus dem Pyramidenhotel vermehrten noch die Unsicherheit. Erst musste Oxygen replizieren, ehe man über die Sachlage urteilen durfte. Mit Spannung erwartete man, was Oxygen auf diesen Angriff beginnen werde. Einige meinten, dass sich nach einer Aufklärung des Sachverhalts und einer öffentlichen Rechtfertigung die allgemeine Ansicht zu Oxygens Gunsten neigen würde; auch eine so beliebte Persönlichkeit wie die Aromasias dürfe nicht geschont werden, wenn der Angriff sich als ungerecht herausstellen sollte.

Andere jedoch, welche Oxygens Stolz, seine Hartnäckigkeit und leichte Reizbarkeit kannten, vermuteten, dass dieser ungewöhnliche Mann, welcher der Natur soviel abzutrotzen wusste, hier der gesellschaftlichen Gewohnheit sich nicht fügen, sondern eine Rache auf eigene Faust versuchen würde.

Als Oxygen den gegen ihn gerichteten Angriff las, wurde er tief bestürzt. Dass ein rein theoretischer Streit, wie der stattgehabte nach seiner Ansicht war, eine so tiefe Gemütsbewegung hervorrufen könne, hatte er nicht geglaubt. Bis jetzt hatte er dem Zwischenfall überhaupt keine größere Bedeutung beigemessen. Aromasias Zürnen hielt er für eine plötzliche Aufwallung, die ebenso leicht vorübergehen würde, wie sie entstanden war. Heute Abend wollte er ihr versöhnend entgegentreten, und sie würde die angebotene Hand gewiss nicht ausschlagen.

Aber nun war es anders gekommen! Auf diese Beleidigung, die ihm jetzt zugefügt war, konnte er nicht den ersten Schritt tun. Oder doch? War nicht Aromasia nur irre geführt, hatte er sie nicht gereizt? Und dieser Magnet! Sollte er ein Schurke, ein Verräter sein? Hatte er in Aromasia den Funken des Hasses geschürt und in frevelhafter Selbstsucht sie zum Bruche der Treue verleitet? Sicherlich — ihm musste Rache und Strafe gelten!

Ja, Aromasia war gewiss unschuldig. Nur in einer unstatthaften Erregung des Augenblicks konnte sie das verhängnisvolle Pamphlet unterschrieben haben. Und worin lag der Grund, der dieses reichbegabte Weib zu solcher Verblendung hinreisen konnte? Oxygen war keinen Augenblick im Zweifel, dass er die Ursache einzig der unüberwindlichen Neigung seiner Braut zur Ododik zuschreiben müsse. Die unglückselige Geruchskunst war es, welche sie von ihm trennte, welche immer wieder auf's Neue den Streit ihrer entgegengesetzten Anschauungen heraufbeschwören musste. Konnte er denn dieser Leidenschaft Aromasias nicht entgegenarbeiten? Gab es kein Mittel, das ihr die Ododik gründlich verleiden könnte?

Wenn es gelänge! Wenn Aromasia die Möglichkeit genommen würde, ihre Kunst auszuüben und damit vielleicht zugleich ihre Liebe zu derselben verloren ginge? Sie würde gewiss im Anfang sehr unglücklich sein, aber sie würde sich trösten. Seine Liebe sollte ihr das geraubte Geruchsklavier ersetzen, und in dauernder Freude würde sie den einmaligen Schmerz vergessen. Und eine Strafe hatte sie verdient.

Doch vor Allem galt es, Magnet zur Rechenschaft zu ziehen!

Aber wie sollte Oxygen dies alles anfangen! Zunächst war er der Angeklagte, er hatte sich vor der öffentlichen Meinung zu verteidigen. Oxygen's Empfinden war zu eng mit dem seiner Zeit verwachsen, als dass er nicht zunächst an dies höchste Gericht hätte denken müssen. Es wurde ihm nicht leicht, von dem Gedanken sich zu trennen, dass eine Auflehnung gegen diese Verkörperung des Zeitgeistes ein Vergehen sei, dass eine Abweichung von der allgemeinen Sitte seine eigene Verurteilung herbeiführen müsse. Und doch musste er sich sagen, dass der Ausspruch der öffentlichen Meinung, so vernichtend er für den Betroffenen war, in diesem besonderen Falle ihm nicht genügen konnte.

Was hatte die öffentliche Meinung an Aromasia oder gar an Magnet zu verdammen? Doch nur ihren ungerechten Angriff und die persönliche Beleidigung gegen Oxygen. Aber der Begriff einer solchen rein äußerlichen Verletzung des Selbstgefühls wurde nicht zu hoch angeschlagen. Aromasia wäre vielleicht genötigt worden, auf einige Wochen sich zurückzuziehen, die Stadt zu meiden — wenn sie zurückkehrte, so konnte sie gewiss sein, dass der Auftritt vergessen und gesühnt sei, dass sie mit dem früheren Jubel wieder aufgenommen und in alter Weise verehrt werde. Und Magnet — er hatte noch den Milderungsgrund, dass er der beleidigten Aromasia sich nur angenommen, dass er nur um ihretwillen in den Streit sich gemischt habe.

Aber dass Oxygen Aromasia liebte, dass er in dieser Liebe gekränkt und seine schönste Hoffnung ihm vernichtet war, die Hoffnung und das Vertrauen aus die milde, verzeihende Gemütsart seiner Braut — dass Magnet sicherlich die Schuld trug an diesem Wechsel ihrer Gesinnung, dass dieser Mensch Aussicht hatte, ihm von der Geliebten vorgezogen zu werden, — das waren Anklagegründe, welche die öffentliche Meinung bei ihrem Urteil nicht in Betracht ziehen konnte, nicht einmal sollte. Dazu aber kam, was sich Oxygen selbst nicht recht eingestehen wollte, als ein wichtiges Motiv seines Rachegefühls die Verstimmung über die Enttäuschung, welche seine heiligste, wissenschaftliche Überzeugung erlitten hatte. Auf die Leidenschaftslosigkeit der Menschen hatte er gebaut, und hier hatte er sein Spiel völlig verloren. Dass erregte seinen Ingrimm.

«Nein», dachte er, «jenes Gericht der öffentlichen Meinung ist gut und weise — unter den vorliegenden Verhältnissen jedoch vermag es mich nicht zu befriedigen. Es gibt kein Gesetz, das in meinem Falle maßgebend und versöhnend sein könne. Wie glücklich wart ihr doch, Männer vergangener Jahrhunderte! Wenn euch eine Beleidigung zustieß, welche durch das Prozessverfahren der Gerichte für euer Gefühl nicht gesühnt werden konnte, so stand euch ein ausreichender Weg immer noch offen. Mit eurem eigenen Leben fordertet ihr das des Gegners heraus. Wenn die Gerechtigkeit für euch die Wage nicht ins Gleichgewicht zu bringen vermochte, so bot euch der Zweikampf dass letzte Mittel, eure eigene Persönlichkeit in die Schale zu werfen, und ihr waret gerächt oder vernichtet. Ich wünschte, ich wäre an eurer Stelle! Heute? Wenn ich an jenen Gebrauch dächte, ich würde ein Gegenstand des Gelächters oder Verachtung, wenn man nicht vorzöge, mich nach Sokotora, der großen Irren-Insel, zu bringen.

Was also bleibt mir übrig als die Rache, welche ich mir mir selbst nehme. Gut, du hast den Zweikampf mit den Waffen des Geistes begonnen, ich werde mit den Waffen des Geistes ihn fortsetzen! Aber erlaube, dass ich diejenigen wähle, welche mir so geläufig sind, wie Dir die Deinen, Reimert-Oberton. Du hast Deine Reimkunst in's Gefecht geführt — heraus denn, meine zaubermächtige Dienerin, Chemie!

Es wird gelingen! Ich kenne seinen Platz genau — er ist dicht hinter der Rückwand des großen Ododion — hier muss der volle Strom ihn treffen — er murmelte eine chemische Formel — das genügt! Und Aromasia wird die Lust verlieren, ihre Geruchskünste weiter fortzusetzen. So muss es gehen! Das Publikum freilich — aber was kümmert mich das?» Oxygen eilte in das Privat-Laboratorium seiner Fabrik.

«Sind die Ododion-Einsätze für Fräulein Duftemann schon abgeholt?» fragte er.

«Nein», war die Antwort.

«Es ist gut», sagte er. «Fräulein Duftemann wünscht eine schärfere Stimmung — Sie können gehen. Aethyl, ich brauche keine Hilfe, ich werde die Änderung selbst vornehmen.» Oxygen war allein und arbeitete mit Eifer an dem Inhalt der Füllbüchsen. Von Zeit zu Zeit trat er in ein sonst von ihm sorgfältig verschlossen gehaltenes Nebenkabinett, wo außer einigen kostbaren und gefährlichen Präparaten ein eigentümlicher, geheimnisvoller Apparat sich befand. Auch mit diesem machte er sich zu schaffen.

«Für alle Fälle!» murmelte er bei sich. Eine durchsichtige Hohlkugel in der Hand, begab er sich an eines der nach Osten gerichteten Fenster. Vorsichtig legte er sie auf die äußere Brüstung und leitete einen Gasstrom aus einem bereitgehaltenen Gasometer darauf. Fünf Sekunden vergingen — die Kugel geriet in ein schwach phosphoreszierendes Leuchten — dann flog sie plötzlich mit großer Geschwindigkeit geradlinig nach Osten, sie verschwand im Nu vom Fenster, ohne dass man irgend wahrgenommen hätte, wie die Bewegung ihr mitgeteilt worden sei.

Oxygen nickte zufrieden. «Die alte Erde dreht sich noch», sagte er lächelnd. Dann wandte er sich wieder zu den Füllflaschen.

Die Nachbarschaft der Fabrik beklagte sich heute über die abscheulichen Gerüche, welche den Aufenthalt in der Nähe unerträglich machten.

Es war Abend geworden, die Laternen an all' den leichten Räderwerken, welche die Luft durchschwirrten, waren entzündet, und wie ein Meer von Funken wogte und flimmerte es über der Stadt. Abendliche Spazierfahrer stiegen bis zur Grenze des Erdschattens empor, das Schauspiel der Abendröte noch einmal zu genießen oder der Sonne noch langer in's glühende Antlitz zu schauen. In der Stadt aber flammte es plötzlich auf wie Tageslicht. Die großen Erhellungspunkte, von welchen ein auf neu entdeckte Weise hergestelltes Licht ausging, waren in Tätigkeit versetzt worden und warfen ihre Strahlen über die Straßen, dass durch die Fenster hindurch selbst das Innere der Gebäude genügend erhellt wurde.

Das Odoratorium hatte sich gefüllt. Kein Platz war leer geblieben.

Die Aktien-Gesellschaft für Temperatur-Regulierung, welche nicht nur die Erwärmung der öffentlichen und privaten Gebäude im Winter, sondern auch die Kühlung im

Sommer mit Hilfe eines ausgedehnten Röhrennetzes besorgte, hatte trotz des überfüllten Raumes einen angenehmen Wärmezustand hergestellt. Über dem Ododion glänzte unter dem unaufhörlichen Zutritt eines Stromes Sauerstoff ein helles Licht, das zugleich eine außerordentliche Milde besaß und vor einigen Jahren von Oxygen selbst erfunden worden war. Die Dampforgel war geheizt, der Motor stand bereit, welcher die Bälge der Riesentrompete in Bewegung versetzen sollte, das Orchester stimmte die übrigen Instrumente, die Geruchskästen waren in das Ododion eingeschoben.

Indessen plauderte das Publikum über den chinesischen Krieg, welcher vor anderthalb Stunden wirklich ausgebrochen war, über Luftwettfahrten, über die neueste Mode, eine lebende Seerose in einer mit Meerwasser gefüllten Glaskugel auf dem Kopf zu tragen, und über das Reimert'sche Gedicht, dessen Verfasser mit selbstzufriedener Miene in der ersten Reihe des Saales, dicht hinter dem Ododion, saß.

«Ein Juckeplätzchen gefällig?», fragte Herr Jota-Spinnfaden, Fabrikant von Griffbeschlägen linker Handschuhfingerspitzen, indem er seiner Nachbarin eine zierliche Dose präsentierte.

«Ich bin so frei», erwiderte dieselbe, nahm eine der kleinen schwarzen Linsen zwischen Daumen und Zeigefinger und klebte dieselbe an ihr Kinn.

«Ach, die neueste Mode», sagte der Herr. «Ich bin noch einer von den Alten, die ihr Plätzchen zwischen den Augenbrauen tragen».

«Man sagt aber, dass das Jucketin dort den Augen schädlich werde.»

«Das glaube ich nicht— ich jucke überhaupt nicht stark und diese Plätzchen verflüchtigen sich sehr schnell, schmecken aber sehr gut und erheitern außerordentlich durch ihren angenehmen Reiz.»

«Und wenigstens genieren sie den Nachbar nicht. Wissen Sie, auf dem Wolkenplatz lässt sich ein Südpolarmensch sehen, der raucht!»

«Raucht, wieso?»

«Ja, wie früher in den alten Zeiten, ein Kraut, das sie anzündeten und dann den Rauch verschlangen.»

«Ja, ja, ich erinnere mich, gelesen zu haben — jedoch, ich denke, sie bliesen ihn in das Bier und tranken ihn dann?»

«Möglich ist es wohl. Man soll ja ähnliche Sitten noch in den Schneegebirgen von Inner-Afrika finden. Doch den Mann müssen Sie sich einmal ansehen.»

«Meiner Ansicht nach», hörte man auf der Bank dahinter sprechen, «ist es unmöglich, dass China siegt; denn den amerikanischen Luftspritzen kann nichts widerstehen. Bei den Proben im vorigen Jahre haben sie auf eine Entfernung von zweihundert Kilometer, wobei also die Bahn des Luftstroms schon sehr gekrümmt ist, von Chicago aus das große Luftobservatorium über dem Lake Michigan in der Nähe von Sheboygan vollständig umgeblasen und in den See geschmettert».

«Wissen Sie, das ist erstaunlich, das ist wunderbar, das kann ich nicht glauben!» «Bitte — da, was ist das?»

Aller Augen wandten sich der Tafel der Publikationen zu, welche auch im Odoratorium nicht fehlte. An der Stelle, wo vor wenigen Stunden Magnet's verhängnisvolles Poem gestanden hatte, erschien jetzt in großen Lettern die Depesche:

Vom Kriegsschauplatze. Stilles Weltmeer. Die chinesische Luftflotte näherte sich der Küste von Kalifornien. Unsere Strand-Luftbatterien auf der ganzen Strecke zwischen Bondega und Humboldt-Bai kamen gleichzeitig zur Wirkung. Erfolg enorm. Gesamte Flotte in einer Entfernung von 200 bis 250 Kilometern angegriffen, vollständig zerstreut, größtenteils ins Meer geworfen. Der Rest floh bis Taiwan (Insel Formosa).

St. Francisco, 2371. 192d 16h 63,71m.

Claps-Shrum, Kriegsminister

Man gratulierte sich und begann ziemlich lebhaft zu werden. In diesem Augenblicke trat Aromasia ein. Allein. Oxygen führte sie nicht, wie gewöhnlich, sein Platz blieb leer.

Das machte Aufsehen. Das Publikum wurde still. Die Herren spannten ihre Lichtschirme auf und klappten sie wieder zu: das war das Zeichen höchsten Applauses. Aromasia grüßte mit einer Bewegung beider Hände und trat an das Ododion. Das Konzert begann. Die Dampforgel spielte einen Teil aus einer alten Oper, welche im neunzehnten Jahrhundert viel Aufsehen gemacht hatte. Die Klangfarbe der Dampforgel eignete sieh dazu vorzüglich und das Stück fand Beifall, obgleich der neumittelalterliche Text mit seinen Naturlauten viel Heiterkeit erregte. Nun folgte eine Ododionpièce mit Musikbegleitung. Alle sperrten im wahren Sinne des Wortes, und mit Recht, Nase und Ohren auf. Aromasia berührte die Tasten. Anfänglich herrschte die Musik vor und Aromasia brauchte nur einen Geruch anzuschlagen, dann den zweiten und sie auszuhalten. Aber schon beim ersten verzog sie ihr schönes Gesicht — sie musste niesen. Und so ging es dem ganzen Auditorium. Ein wahrer Nieskrampf brach aus, so scharf war der Geruch, welcher sich durch den Saal verbreitete. Da trat mit der zweiten Taste ein mephitischer Missduft zu dem ersten — vergeblich fuhren die baumwollenen Luftsiebe des Publikums an die Nasen. Aromasia wurde verwirrt und bleich. Magnet war schon bei dem ersten scharfen Geruch aufgesprungen und in ihre Nähe geeilt, wo er auf dem leeren Platze Oxygens sich niederließ. Jetzt wollte er sie fortführen. Aber noch einmal versuchte die erschreckte Künstlerin das Ododion. Eine Geruchsleiter perlte unter ihren Fingern und schloss mit einem starken Vielgeruch — da war es, als wenn alle bösen Geister aus dem Reiche der Gase losgelassen seien. Keine menschliche Nase konnte diesen Gestank ertragen! Dass Publikum schrie, wütete und drängte zum Ausgang. Die Musiker warfen ihre Instrumente fort und verschwanden durch ihre Privattür. Magnet versuchte die ohnmächtige Aromasia emporzuheben. Da ließ ein wohlmeinender Techniker den Dampf der Dampforgel ausströmen, um der verunreinigten Luft entgegenzuwirken. Aber seine gute Absicht schlug fehl. Es gab ein Getöse, Gezisch und Gepfeife, welches die Verwirrung noch grausiger machte. Das Publikum glaubte, die höchste Gefahr sei nahegerückt, und in der Besorgnis um das eigene Leben kannte man keine Rücksicht. Nur einen Augenblick richtete sich Magnet empor, um von den Gasen und Dämpfen nicht selbst betäubt zu werden. Aber schon hatte ihn der hinausdrängende Menschenstrom erfasst und ließ ihn nicht aus seiner Flut. Rasch sah er sich zum Ausgange gestoßen. Da — plötzlich ein erschütternder Knall — ein Teil der entfesselten Gase hatte sich untereinander und mit der Sauerstoffmenge des Beleuchtungsapparates so unglücklich gemischt, dass eine starke Explosion erfolgte. Das Gebäude wankte, die Decke schien sich heben zu wollen, doch zum Glück hielt sie stand. Die Menschen waren allmählig durch die Ausgänge entkommen und bis auf wenige gerettet. Aber im Inneren wütete ein furchtbarer Brand und lohte zu den Fenstern hinaus.

Im Augenblicke war jetzt durch die Hilfe von Außen das erschreckte Publikum aus der unmittelbaren Nähe des brennenden Gebäudes gebracht. Schon war die Brandabteilung der Behörde für öffentliche Sicherheit zur Stelle, und ihre Exstinctspritzen, welche von dem getroffenen Gegenstande jeden Sauerstoff absperrten, hatten im Nu die Flammen bewältigt.

Nun aber, nachdem der erste Schrecken vorüber war, ging die bange Frage durch die Menge: Wo ist Aromasia?

Man rief, man suchte — Niemand hatte sie gesehen, sie musste noch im Gebäude sein.

«Sie ist verbrannt», schrie Magnet mit der Stimme des Verzweifelnden. «Sie muss verbrannt sein — es war unmöglich die Ohnmächtige zu retten. Doch vielleicht ist noch Hoffnung — hinein ins Odoratorium!» Die Rettungsmänner versuchten in ihren feuersicheren Anzügen das glühend heiße Gebäude zu betreten. Ihnen zuvor kam ein Fremder; ein Mann, der in seinem gegen jede Wärme undurchdringlichen Feuerwams nicht zu erkennen war, brach sich Bahn in den mit Trümmern erfüllten Saal. Aber während noch die Rettungsleute im Saale aufräumten, erschien er schon wieder oben auf der äußeren Galerie, welche das ganze Odoratorium-Gebäude nach der Stadt zu umgab. Auf der östlichen Seite bemerkte man einen Luft-Motor, den einige für den des Warm-Blasius hielten. Neben demselben schien noch ein kugelförmiger Apparat sich zu befinden, doch konnte man denselben nur undeutlich erkennen, er schien von einer durchsichtigen Materie zu sein. Jetzt beschäftigte sich der Unbekannte mit demselben — er stieg hinein, er öffnete einen Hahn. Gespannt schaute man auf sein Tun. Da richtete der Fremde sich auf und rief mit lauter durchdringender Stimme hinunter zu der Menge:

«Vernehmt die Trauerkunde! Aromasia ist verbrannt. Suchet nicht nach ihrem Mörder — nicht die Erde, nicht die Sonnen haben noch Gewalt über ihn.» —

Der so gerufen hatte, bückte sich und drehte eine Handhabe. Eine Kugel schloss sich um ihn, sie begann zu leuchten — in demselben Augenblicke aber flog die Kugel, ohne einen sichtbaren Anstoß erhalten zu haben, mit rapider Geschwindigkeit von der Galerie des Odoratoriums in die Nacht hinaus.

IV. In's All verbannt

Oxygen hatte, am Fenster des Odoratoriums mit seinem Luft-Motor haltend, die Katastrophe beobachtet, deren schrecklichen Ausgang er nicht gewollt hatte. Magnet sollte durch einen wohlberechneten Gasstrom bläulich angehaucht werden, eine Farbe, die er mehrere Monate behalten hätte und Aromasia sollte durch die Enttäuschung ihrer Nase und den Zorn des Publikums das Geruchsklavier gründlich verleidet werden. Beides war vereitelt worden.

Im Augenblicke als die Detonation eintrat, durchzuckte Oxygen das Bewusstsein seiner Tat. Die Folgen seines Handelns standen vor seiner erschreckten Seele. Aromasia vernichtet! Mit ihr vielleicht noch Hunderte von Menschen! Und durch seine Schuld! Ein tiefer Schmerz überkam ihn, aber Oxygen verlor nicht seine Besinnung. Er musste retten, was in seiner Kunst stand. Er eilte nach Hause, um seinen feuerfesten Anzug zu holen, und für alle Fälle — —

In die wenigen Augenblicke, deren er bedurfte, um nach seiner Wohnung zu fliegen, den Rettungswams umzuwerfen und samt seinem geheimnisvollen Apparat auf dem Dach des Odoratoriums zu erscheinen, drängte sich eine solche Fülle von Empfindungen, Überlegungen, Schlüssen und Entwürfen zusammen, wie nur ein so bevorzugter Geist jener fortgeschrittenen Zeit so rasch sie bewältigen konnte. Wenn Aromasia wirklich durch ihn vernichtet war — das Liebste, was ihn neben seiner Wissenschaft an's Leben fesselte? Wenn er sich selbst ihrer Ermordung anklagen musste? Was war die nächste, äußerliche Folge? Dass seine Unvorsichtigkeit das Unglück herbeigeführt habe, konnte nicht verborgen bleiben. Auch lag es ihm fern, seine Schuld verheimlichen zu wollen. Das Fachgericht musste ihn schuldig finden der vorsätzlichen Beschädigung von Privateigentum, der versuchten Körperverletzung und der fahrlässigen Tötung von fünf Personen. Er konnte auf zwei bis drei Monate Einzelhaft rechnen, und die öffentliche Meinung mochte das Urteil durch eine mehrjährige Verbannung verschärfen. Und wenn die Zeit vorüber war? Wohl musste er seine gesetzmäßige Strafe und ihre Ableistung seiner Auffassung und der seiner Zeit nach, als eine vollständige Sühne für alles Geschehene auffassen. Kein Tadel mehr haftete an ihm. Aber konnte er sich selbst damit zufrieden geben? Konnte er je die Schuld büßen, die er vor seinem Gewissen auf sich geladen hatte, dadurch, dass er Aromasia der schrecklichen Gefahr aussetzte allein um der Befriedigung seiner Wünsche willen? Und konnte er je den Verlust verschmerzen, der ihm selbst als die grausamste Strafe zugefallen war, den Verlust der Geliebten?

Ja, sie war grausam, allzu grausam, diese Strafe! Was hatte er denn getan, um solches Elend zu verdienen? Was jeder Andere getan hätte, der, gereizt wie er, die Mittel der Vergeltung besessen hätte. Hatte er nicht das Recht, auf

Aromasia einzuwirken um ihre Neigung, deren Verlust ihm drohte, wiederzugewinnen, indem er die Feinde derselben beseitigte? Was ist das für ein erbärmliches Geschick, was eine unfertige Weltordnung, die auf so lächerlich unbedeutende Ursachen hin so entsetzliche Folgen häufen konnte?

Was bin ich diesem Schicksal und meinem Leben noch schuldig — so sprach er bei sich — wenn es selbst gegen mich so ungerecht ist, wenn ich ohnmächtig der Spielball blinder Gewalten sein soll? Oder dürfen etwa gewisse Arten des Glücks mir entzogen werden, weil mir einige andere Gaben verliehen sind? Gut, so will ich ohne Rücksicht auf Glück und Liebe und Leben Gebrauch von ihnen machen und ihre Wirkungsfähigkeit bis in alle Konsequenzen verfolgen! Nicht vergebens will ich dein erstes Grundgesetz bezwungen haben, Du stolze Natur — vom Gesetze der Schwerkraft vermag ich einzelne Arten des Stoffes zu emanzipieren. Ja, mühevoller Arbeit von Jahren ist es gelungen, den molekularen Zustand gewisser chemischer Zusammensetzungen so zu modifizieren, dass sie der Gravitation nicht mehr fähig sind. Längst wissen wir, dass es anziehende, durch den leeren Raum wirkende Kräfte nicht gibt; der Druck des Weltäthers, dessen Atome von allen Seiten, doch mit wechselnder Häufigkeit, anprallen, ist es, welcher die Körper nach einem gemeinschaftlichen Schwerpunkt drängt. Für diese Bewegungsart der Ätheratome habe ich meinen Apparat durchdringbar gemacht, keine Schwerkraft mehr vermag ihn zu beeinflussen — und mich selbst? Was macht es, wenn mein Körper dabei zu Grunde geht? Frei kann ich sein, frei will ich sein! Da steht meine Hohlkugel — ein paar Handgriffe, fort schießt sie, von der Schwungkraft der Erde geschleudert, der Schwere enthoben, fort von der Oberfläche des Planeten, von seiner Bahn um die Sonne, an die sie nichts mehr fesselt. Wohlan, ich schaffe sie auf den Kranz des Odoratoriums; und ist das Schreckliche wahr, ist Aromasia mir genommen — so nimm auch mich dahin, unersättliches Nichts! Ich werde auf eine Weise aus dem Leben gehen, wie noch niemand zuvor; ich werde schauen, was noch niemand sah: ich werde auf eine wahrhafte Art gen Himmel fahren. Ist es mir nicht gelungen, trotz aller Macht, die ich über die Gesetze der Phänomene hatte, jene kleinen Regungen, die vom Gehirn Aromasias ausgingen, für mich zu gewinnen, — konnte ich nicht den Besitz eines Menschen erringen, der doch nur ein Atom ist im All, — hat das blinde Schicksal wirklich so viel Gewalt über mich, — so kann an meiner Existenz nicht viel liegen. Fahre dahin, Oxygen, wo keine Sterne mehr durch den Raum wandeln!

Von solchen Gedanken bewegt war Oxygen mit seinem Apparat nach dem Odoratorium zurückgekehrt, hatte sich in den heißen Bau gestürzt, Aromasias entstellte Reste gefunden und war an sein Fahrzeug zurückgeeilt. Hier rief er die Worte zum Volke hinab, die seinen traurigen Entschluss verkündeten. Die durchsichtige Hohlkugel schloss sich über ihm, das präparierte Gas wurde von der Materie derselben wie von seinem eigenen Körper absorbiert, und der Widerstand gegen den anstürmenden Weltäther war gebrochen. Die Erde, welche ihn nicht mehr an sich zog, schleuderte ihren ungetreuen Sohn von sich. Der Stoß des Daches gab der abfliegenden Kugel eine langsame Rotation, und leuchtend durchmaß sie in wenigen Minuten die Atmosphäre der Erde, welche schweigend unter ihr die gewohnte Bahn fortrollte. —

Es war ein seltsamer Zustand, in welchem Oxygen sich befand.

Die hohle, durchsichtige Kugel, welche ihn umschlossen hielt, war samt ihrem Inhalt in keiner Weise den Wirkungen der Schwerkraft unterworfen. Aber nur diejenigen Bewegungen, welche eine Durchdringung durch den Äther verhinderten, waren abgeändert. Im übrigen wirkten die molekularen Bewegungen seines Systems in wenig verwandelter Weise fort, aber es besaß keinen Schwerpunkt mehr, weder in sich, noch in der Außenwelt. Jede Muskelbewegung hatte einen Aufruhr aller Gegenstände im Innern der Kugel zur Folge. Es war natürlich, dass die Bedingungen des Lebensprozesses abgeändert wurden, und ehe noch die Atemluft verzehrt war, hatte der Pulsschlag aufgehört. Oxygens reiches Leben entfloh. Sein Fahrzeug aber flog mit der gleichmäßigen Geschwindigkeit, welche es als Teil der Erde besessen und in Folge des Beharrungsvermögens der Körper beibehalten hatte, langsam rotierend durch den unermesslichen Raum. Kein Planet, keine Sonne vermochte es aus seiner Bahn zu lenken, kein Meteor erfuhr eine Störung durch dasselbe. In unendlicher gerader Linie glitt dass neue Gestirn durch die ganze Ausdehnung des Sonnensystems, welches unter ihm forteilte, an anderen Sonnen vorüber, hinaus, hinaus bis in die Nebelfernen, bis in die Unendlichkeit. —

Die Menge hatte sich verlaufen. Der Verkehr in dem von der Katastrophe betroffenen Stadtteil unterschied sich in nichts mehr von dem in den entfernteren Gebieten, welche kaum das Unglück gewahr geworden waren. Die Geschäfte nahmen ihren durch die Nacht nur wenig unterbrochenen Gang. Die Erhellungspunkte glühten, die Luftwagen schwirrten, in den Vereinslokalen debattierte man über die Zeitfragen, und in den öffentlichen Erholungsstätten klangen die Gläser; noch spendete der Wein dieselbe göttliche Heiterkeit wie bei den Gelagen der Olympier. Nur allgemeiner war die Freude geworden. Der Strom der Menschheit flutete weiter. Wer vermochte die Stelle zu zeigen, wo die verlorenen Wasserstäubchen fehlten? —

Magnet hatte Oxygen am Klange der Stimme erkannt, mit welcher er Aromasias Untergang verkündet hatte. Sein Schmerz und seine Trauer duldeten ihn nicht an der Stätte, wo ihm eine Welt untergegangen und doch die Welt dieselbe geblieben war. An jenen Ort wollte er eilen, wohin ohne das Dazwischentreten eines grausamen Geschickes ihn sonst mit ihr zusammen der Luftwagen getragen hätte. Dort erzählte ihm der gleiche Fortgang des Lebens rings um ihn nicht von der Gleichgültigkeit der Welt; dort hatte ja Aromasia nicht gelebt, und darum konnte es ihn nicht kränken, dass er nicht in jedem Auge seinen eigenen Schmerz wiederfand; dort durfte er seinen Verlust als einen unersetzlichen betrauern. Im Gebiete der Luft und an den Wassern des Niagara wollte er seinen schmerzlichen Träumen nachhängen und in seiner Weise die Versöhnung suchen.

Der schwache Schein der Dämmerung im Norden hatte seinen niedrigsten Stand erreicht, als der Motor Obertons in die klare Nacht emporstieg. Hinter ihm, unter ihm blieb die Stadt, blieben die gewohnten Lande. Es war dem Dichter, als müsse er die ganze Erde hinter sich zurücklassen und nur in eine ferne Zukunft Sehnsucht und Gedanken richten.

Ich verstehe dich, ich begreife dich, Oxygen, dachte er, dass du nicht nur der menschlichen Gesellschaft, dass Du der Welt selbst Lebewohl gesagt hast. Ich ahne es, Du hast Deine Macht über die Kräfte der Natur angewandt, Dich jeglichem Einflusse derselben zu entziehen. Zum Nullpunkt des Seins wolltest Du dringen und für Deinen Teil glaubst Du die Aufgabe gelöst zu haben. Du hast der Schwerkraft, dem großen Bande des Kosmos, Dich entrissen, frei fliegst Du dahin, durch Nichts angezogen, durch Nichts geleitet, in absoluter Unabhängigkeit, in einer wahrhaft freiwilligen und unwiderruflichen Verbannung. In's All verbannt! Und doch bist du nicht wahrhaft frei! Du selbst musst sterben und empfindest schon Deine Freiheit nicht mehr! Aber auch vom großen Verbande des Seins konntest Du Dich in Wirklichkeit nicht lösen! Noch gibt es molekulare Bewegungen und lebendige Kräfte in Deinem eigenen Gestirn, die ohne Wirkung nicht im All verschwinden können. O, ich folge Dir auf Deiner Bahn durch die Sterne, ich eile mit Dir in Milliarden von Jahren vorüber an den Sonnen der Milchstraße, vorüber an all den hellen und dunklen Gebilden, welche den Raum in ungemessenen Weiten erfüllen.

Aber einst — ich sehe es — trifft deine Kugel doch auf Deiner Bahn an eines derselben. Ein chaotischer Weltnebel ist es, noch im ersten Stadium seiner Bildung, vielleicht das Resultat einer Weltzerstörung. In völliger Trennung irren die Atome ohne Zusammenhang durch den Raum, noch gibt es keine Wärmebewegung, noch zittert keine Lichtwelle durch die Nacht. Da tritt Deine Kugel hinein mit ihrer lebendigen Kraft und ein Anstoß zu neuen Schwingungsarten ist gegeben. In regelmäßig umlaufenden Bahnen gruppieren sich die Atome zu Molekülen, von ihren geordneten Stößen getroffen erzittert der Äther und Leuchten kommt in die Masse. So wenigstens muss ein Mensch den Vorgang beschreiben. Ich bin nur ein Mensch, aber ich weiß es: Ein neues Gestirn flammt am Himmel auf. Noch sah es die Erde nicht, noch müssen Jahrtausende vergehen, ehe der Lichtstrahl zur Erde gelangt, — aber es wird geschehen. Armer Oxygen, so bist Du doch nicht frei, nicht frei von den Banden unentrinnlichen Seins; die Schwere flohest Du und wieder reißen Dich die Atome in ihren Wirbeltanz. Du kanntest nicht den richtigen Weg, den einzigen, den es gibt, von jenen Kräften des Stoffes sich zu befreien. Der alte Dichter kannte ihn wohl:

'Aber dringt bis in der Schönheit Sphäre,
Und im Staube bleibt die Schwere
Mit dem Stoff, den sie beherrscht, zurück'

Ja, Oxygen, hier ist Freiheit! Ich bin frei, bin es durch die Macht des Ideals, bin es durch meine dichtende Kunst, die mich über die Schranken der Welt und meiner räumlichen und zeitlichen Existenz hinausträgt — —

Ha! Durch Deinen neuen Stern, den die Folgen Deines Unrechts hervorriefen, sehe ich die Versöhnung kommen — nicht in einer geträumten Ewigkeit, in einem erdichteten Jenseits, das frei wäre von den Gesetzen der Natur, die Alles binden; sondern, wenn auch in der Dichtung, so doch innerhalb dieser Gesetze, durch die Gewalt unzerstörbarer Wirkungen im Mechanismus der Welt. Tausende von Jahrmillionen gehen dahin, aber die heilige Kraft meiner Kunst deutet mir die Versöhnung.

Zu der Zeit, da Dein Stern aufleuchtet, rollt die Erde vielleicht nicht mehr in ihrer alten Bahn. Hat sich eine Flutwelle am Sonnenäquator als ein neuer Planet abgelöst und ist die Erde mit den übrigen ein Stückchen weiter hinausgeflogen? Oder haben die hemmenden Kräfte des Ozeans die Rotation der Erde verzögert und ist sie dem Sonnenball näher gerückt? Sei es so oder so — in jedem Falle haben sich die Verhältnisse auf ihrer Oberfläche so geändert und mit ihnen die der lebenden Wesen, dass wir die alte Menschheit nicht wiedererkennen.

Zwar ein Teil derselben hat auf dem alten Standpunkte sich erhalten. Aber es sind unterdrückte Wesen. Eine fortgeschrittenere Gattung beherrscht den Planeten, und in den mannichfachen Katastrophen ist die Tradition ihrer Abstammung aus gemeinschaftlicher Wurzel verloren gegangen. Von den verachteten Menschen wollen sie Nichts wissen. Unvergleichlich höher steht dies Geschlecht mit der schweren Gehirnmasse, mit den Wirbelfüßen und der komplizierten Organisation, die es sich im Kampfe um's Dasein erworben hat. Die Cerebrer sind es — ach, Reimert-Oberton, sie kennen deine Werke nicht mehr!

———

Zwischen zwei im Mondlicht glänzenden Abendwolken lustwandelt ein Cerebrer-Pärchen. Ihre Windmühlenflügelfüße bewegen sich so schnell, dass sie die Luft treten. Das Thema ihres Gespräches ist nicht neu. Es ist nicht nur vor zwölf Milliarden Jahren von den Menschen in glühenden Liedern abgehandelt worden, auch vor ihnen schon hatten es die Pterosaurier mit ihren Flughäuten gesäuselt. Denn es dreht sich um die natürliche Zuneigung zweier Wesen verschiedenen Geschlechtes, welche man die Liebe nennt.

Das Pärchen scheint nicht ganz einig zu sein. Unwillig runzelt sie die Flugschwimmhaut und achtet nicht auf seine flehenden Worte.

Was hatte er verbrochen? Vielleicht den schönen Schraubenfuß einer Anderen gelobt? Ach, die Mädchen sind so schwer zu verstehen, und nun gar eine Cerebrerin. Kurz und gut, sie ist ungehalten.

Zu seinem Unglück kommt ein Mensch auf seinem Luftrade der Ungnädigen zu nahe. Der Windzug stört sie, ein

Tritt von ihrem Schraubenfuß, und der Arme stürzt hinab.

Wie grausam! braust Herr Cerebrus auf.

Es ist ja nur ein Mensch! sagt sie wegwerfend.

Nur ein Mensch? Glaubst Du denn, dass ein Mensch nicht auch Empfindung besitzt, denkt und fühlt?

Wenn er mich aber inkommodiert?

So verdient er doch Rücksicht, wie jedes lebende Wesen. Aus den Menschen erst hat sich unser Geschlecht zu solcher Vollkommenheit entwickelt, und Du kannst nicht wissen, oh Du nicht einen Urahnvetter Deines Geschlechtes verletzt hast.

Jetzt bist Du aber unartig, sagte sie zürnend. Von diesen unverständigen Tieren sollen wir abstammen, die nur heulen und krächzen können, und nicht einmal von selbst fliegen? Und wir, mit unserer Weltanschauung — ich bitte Dich!

Und doch verstehen sie untereinander ihre Sprache geradeso, wie wir die unsere, und wenn sie sich auch auf einer niederen Entwicklungsstufe befinden, wenn ihnen auch vielleicht die Anschauung des Unbedingten abgeht, so fühlen sie den Schmerz, wie Du, und freuen sich ihres Lebens, wie Du; die Empfindung ist relativ und dem Menschen ebenso wertvoll, wie dem Cerebrer. Unrecht ist es daher, ihn zu quälen oder zu töten. Vielleicht wartet jetzt vergebens die einsame Geliebte auf den Zermalmten.

O, Du bist abscheulich! Mir solche Vorwürfe zu machen und mit einem Menschen mich zu vergleichen! Du liebst mich nicht! So ziehe doch zu Deiner einsamen Menschin und tröste sie! Wenn sie so gefühlvoll ist, was brauchst Du mich? Geh nur!

Was sollte er tun, als um Verzeihung bitten?

Aber sie war hartnäckig. So rasch geht das nicht, sagte sie. Ich weiß nicht, ob ich Dir Deine Ungezogenheit vergeben darf. Aber ich will milde sein — ich werde das Unbedingte fragen.

Er war es zufrieden.

Rate einmal, sagte sie, gerade oder ungerade?

Ungerade! rief er.

Ich habe die Sterne dort oben in dem Quadratgrade gemeint. Nun wollen wir zählen, wie viel es sind. Wer wird Recht haben? Das Zählen war im Nu geschehen; denn sie waren Cerebrer.

Gerade! sagte sie.

O weh! klagte der verurteilte Liebhaber. Doch nein! rief er jetzt, ungerade! Zähle noch einmal! Wahrhaftig, eben ist ein neuer Stern aufgeleuchtet — die Liebe war gerettet.

Das war Dein Stern, Oxygen!

Die Cerebrer schüttelten sich gerührt die Mittelhände.

———

Magnet war bei diesen Phantasien ruhig und fast heiter geworden.

Am Falle des Niagara senkte sich sein Wagen.

«Ich hab's gefunden!» rief er aus. «Das ist der Entwurf zu meinem neuesten Roman!»

Die Arbeit ließ ihn seinen Schmerz vergessen. Selbstzufrieden telegraphierte er an seinen Verleger in Europa:

«Was bieten Sie ungesehen für meinen neuesten Roman: *Das Cerebrer-Pärchen oder der gezähmte Lichtnebel*?»

«Fünfzigtausend Münzeinheiten!» lautete die Antwort.

«Angenommen!»

Magnet ließ sich vor einem der großen Hotels nieder, auf einem Platze, von welchem sich die herrlichste Aussicht auf den Wasserfall bot, und fing sogleich zu schreiben an. Natürlich telegraphisch.

Die Sonne ging auf und bildete glänzende Regenbögen im Wasserstaube des Riesenfalls.

«Versöhnt durch zerstörte Liebe ward neue Liebe in fernem Geschlecht.» So schrieb Magnet und der gehorsame Ätherstrom trug die Worte durch den Leib des Erdballs nach Europa. Sie standen in der Abendzeitung neben Aromasias Nachruf.

Wie der Teufel den Professor holte

«Aber ganz gewiss», sagte der Professor, indem er liebevoll die Asche seiner großen Flor de Ynclan betrachtete, «ganz gewiss hat er mich geholt: in eigener Person.»

«Hohoho!» Der starke Herr lachte. «Also doch?»

«Und das haben Sie noch gar nicht erzählt?»

«Wer denn?» fragte die blaue Dame; «Wer hat Sie geholt?«

«Haben Sie denn nicht gehört?» rief die kleine Frau Brösen ungeduldig, «Der Teufel hat den Professor geholt.»

«Aber da sitzt er ja —»

«Weil er ihn eben lebendig geholt hat!» rief der starke Herr.

«Das versteh' ich nicht!»

«Er muss es erzählen.«

Man rückte näher am Tische zusammen.

«Wie sah er denn aus?«

«Wann war denn das?»

«Am vorigen Sonnabend» — der Professor tat einen nachdenklichen Zug aus seiner Zigarre — «ich saß wie gewöhnlich abends an meinem Schreibtisch, da klopfte es, und auf mein verwundertes Herein — aber erschrecken Sie nicht!»

«Grässliches will ich nicht hören, nein, nein, nein!»'
schrie die blaue Dame.

«Grässlich war es allerdings. Im ersten Augenblick war ich nicht wenig erschrocken.«

Die blaue Dame hielt sich die Ohren zu; aber nicht fest.

«Auf einmal steht jemand im Zimmer und knipst die Hängelampe an, dass ich die Gestalt ganz deutlich erkenne.» «In einem Mantel, mit feurigen Augen? Ich seh's vor mir!» rief Frau Brösen.

«Es war ein Lodencape und eine goldene Brille; ein Mann in meiner Größe und Statur, mit grauen Haaren und Schnurrbart, eigentlich ganz gemütlich, aber das Grässliche war eben —«

«Der Pferdefuß?»

«Der Schweif?» kreischte die blaue Dame.

«Nein; er sah genau aus wie ich selbst — lachen Sie nicht! Ich dachte natürlich an eine Halluzination, und Sie wissen, was das bedeutet bei meinem angegriffenen Gehirn. Ich blieb zunächst ganz starr sitzen.

Da sagte mein Doppelgänger sehr höflich 'Es tut mir leid, dass ich Sie holen muss, Herr Professor, aber ich habe den bestimmten Entschluss gefasst —'

'Holen, was heißt das? Ich bin, nicht Arzt und habe jetzt keine Zeit', rief ich unwillig.

'Nun, eben holen' sagte der andere. 'Ich bin nämlich der Teufel.'

'Der Teufel? Aber Sie sehen ja aus –'

'Ja. Sie müssen schon entschuldigen. Wenn ich zu Ihnen komme, habe ich diese Ihre Gestalt. Es ist nämlich jeder sein eigener Teufel! Aber nun seien Sie so gut, und kommen Sie mit.'

'Wohin denn? Ich glaube weder an Hölle noch an Teufel im Volkssinne.'

'Ist auch gar nicht nötig. Ich hole jeden in seinem Sinne, wie er seine Welt sich ausmalt. Sie zum Beispiel werde ich in einem kleinen Weltraum-Automobil mitnehmen. Sie reisen ja so gerne nach den Sternen.'

'Bitte sehr, das tue ich hier am Schreibtisch; ich habe durchaus keine Lust zum Reisen. Außerdem brauchte ich mehrere Wochen Vorbereitung. Erst müsste ich meine Reiseapotheke packen.'

'Ist nicht nötig. Zu Ihrem Vergnügen hole ich Sie ja nicht. Sie sollen zu Ihrer Läuterung hunderttausend Billionen Kilometer reisen. — Das habe ich mir so ausgedacht.'

'Und dann?' fragte ich.

'Nun, das wird sich ja finden. Vielleicht machen wir einen Meteor aus Ihnen, oder Sie werden für tausend Jahre auf dem Mars verheiratet — Marsjahre natürlich.

'Ich danke für beides. Es fällt mir gar nicht ein, mitzukommen. Ich habe hier noch dringende, angefangene Arbeiten.'

'Das hilft alles nichts. Sie können sie unterwegs fertigmachen.'

'Also den Hals wollen Sie mir nicht umdrehen?'

'Ich denke nicht daran, wenn Sie gutwillig mitkommen. Wir möchten uns Ihre wertvolle Gehirntätigkeit noch eine Zeitlangerhalten, wenn auch freilich nicht mehr auf der Erde.'

'Aber schließlich leb' ich doch in der Erdseele weiter, nicht wahr?'

'Lassen Sie mich in Ruhe', rief der Teufel. 'Ich bin nicht hier, um mich ausfragen zu lassen. Die Erdseele hole ich schließlich auch noch mal!'»

«Die Erdseele?» unterbrach die blaue Dame den Professor. «Was ist denn das?»

«Ach, stören Sie doch jetzt nicht«, sagte Frau Brösen. «Der Professor hat doch erst neulich einen Vortrag darüber gehalten!»

«Da konnt' ich ja nicht kommen, da war mein Mädchen fortgelaufen.»

«Na«, rief der starke Herr, «nach Ansicht des Professors ist eben die Erde ein beseeltes Wesen, und wenn wir hier als Menschen nicht mehr leben können, dann leben wir weiter als Erinnerungen der Erdseele.«

«Sagt Fechner«, schaltete sich der Professor ein.

«Ich auch?» fragte die blaue Dame.

«Sie kommen sogleich in die Sonnenseele«, sagte der Professor, «weil Sie schon jetzt zu den schönsten Erinnerungen der Erdseele gehören.»

«Erzählen Sie doch weiter!» rief Frau Brösen und klopfte auf den Tisch.

Der sanfte Jüngling, der eben etwas sagen wollte, fuhr

zusammen und schwieg.

Der Professor nahm einen Schluck aus seinem Glase und sagte: «Ich bemerkte mit Vergnügen, dass theoretische Fragen den Teufel in einige Verlegenheit zu bringen schienen. Um Zeit zu gewinnen, kramte ich in meinen Manuskripten und wollte eben fragen, ob ich nicht meinen Zeißfeldstecher mitnehmen könnte, aber auf einmal — ich weiß nicht, wie es kam — war ich aus meinem Zimmer heraus und fand mich neben dem Teufel auf einem bequemen Sessel. Die Füße ruhten auf einem Tritt, und ein Geländer umgab uns, sonst aber schwebten wir ganz frei im Raume. Merkwürdigerweise hatte ich gar kein Schwindelgefühl.»

Der starke Herr hustete eigentümlich. Der Professor ließ sich nicht stören.

«Ich nahm mir vor«, fuhr er fort, «mir vom Teufel nicht imponieren zu lassen. Vielleicht konnte ich ihm doch irgendwie beikommen, dass ich ihn los würde. Wäre Faust ein richtiger Mathematiker gewesen, so hätte er sich nicht sein ganzes Leben mit dem Teufel herumzuschlagen brauchen. Ich fühlte mich ruhiger und sagte nichts. Da begann der Teufel: 'Nun, wie gefällt Ihnen unser Weltautomobil? Das ist aus Ihrem Ideal, dem absolut festen und durchsichtigen Stellit, gefertigt, da können Sie alles aufs schönste überblicken.'

Ich sah mich um. Hinter uns war absolute Nacht, völlige Schwärze. Über, neben und unter uns erkannte ich einzelne Sterne, die nach vorn immer dichter standen, bis sie in der Fahrtrichtung zu einem einzigen hellen Glanze zusammenflossen. Ich konnte mir das gar nicht erklären. Was war das für ein Sternenhimmel? In welcher Gegend der Welt waren wir? Ich musste wohl längere Zeit bewusstlos gewesen sein.

'Wie lange sind wir schon unterwegs?' fragte ich. 'Etwa eine halbe Stunde', antwortete der Teufel. 'Ich musste Sie ein bisschen einschläfern, um Sie bequemer hier hereinzubringen. Na, nicht wahr, so was haben Sie noch nicht gesehen?'

'Oh', sagte ich, 'das wird sich ja alles natürlich erklären.

Mit welcher Geschwindigkeit fahren wir wohl?'

'Ungefähr mit der zehnfachen Lichtgeschwindigkeit.'«

«Hohoho!» Der starke Herr lachte. «Das müsste allerdings mit dem Teufel zugehen.»

«Das tat's ja auch»' fuhr der Professor gelassen fort. «Ich überschlug schnell die Sachlage. Zehnfache Lichtgeschwindigkeit, da mussten wir die Entfernung Sonne-Erde in fünfzig Sekunden zurücklegen.

Bis zum Neptun ist's dreißigmal so weit. Ich sagte also: 'Soso! Da müssen wir ja schon längst aus dem ganzen Sonnensystem hinaus sein.'

'Das sind wir in der Tat.'

Nun glaubte ich zu begreifen, warum hinter uns die schwarze Nacht war. Da wir soviel schneller als das Licht dahinrasten, konnten uns die Lichtwellen nicht einholen, und es war dunkel. Die von den Seiten kommenden Strahlen dagegen trafen uns. Aber der Glanz da vorn? Durch unsere riesig schnelle Bewegung, dem Licht der Sterne entgegen, mussten die Lichtwellen so stark verkürzt werden, dass selbst die längsten sichtbaren Wellen, die des roten Lichts, bis unter die Länge der überhaupt sichtbaren Wellen herabsanken und somit gar keinen Eindruck mehr auf unser Auge machen konnten. Woher also die Helligkeit vor uns? Es hätte dort auch Dunkelheit herrschen müssen.

Der Teufel sah mir wohl an, dass mir etwas nicht klar war, und sagte höhnisch: 'Nun, Herr Professor, das Licht da vorn können Sie wohl nicht natürlich erklären.'

In diesem Augenblick fiel mir die Lösung ein, und ich sprach ganz ruhig: 'Das ist doch sehr einfach. Was uns da vorn leuchtet, das sind keine Lichtstrahlen, wie wir Menschen sie zu sehen gewohnt sind, sondern das sind die für unser Auge sonst unwirksamen langen, etwa Wärme- oder elektrischen Wellen jenseits des roten Endes des Spektrums. Durch unsre Eigenbewegung werden sie so verkürzt, dass wir sie als Licht empfinden. Es ist ein schöner Beweis dafür, dass die Sterne sehr viel ultrarote Strahlen aussenden, die wir noch nicht beobachten konnten.'

Der Teufel brummte etwas vor sich hin. Er ärgerte sich, weil ich es richtig getroffen hatte. Gleich darauf aber drückte er die Augenbrauen zusammen und zog die Mundwinkel etwas auseinander, wie ich zu tun pflege, wenn ich so eine recht knifflige Frage stellen will — es war zu gemein, dass der Kerl genauso aussah wie ich —, und nun sagte er: 'Wenn Sie das helle Licht da vorn inkommodiert, so kann ich es auch abblenden. Sehen Sie, ich habe hier einen für alle Strahlen undurchlässigen Schirm, den drehe ich jetzt nach vorn — so —' nun kann von vorn kein Licht mehr einfallen, und doch ist noch Licht da —'

'Ja, aber es ist viel schwächer.'

'Woher kommt nun dieses Licht?'

Ich geriet in Verlegenheit. Mogelte der Teufel vielleicht? War der Schirm gar nicht völlig undurchsichtig? Nein, die Erscheinung war nicht bloß eine Abschwächung der früheren; es zeigte sich eine ganz andere Sternverteilung. Der starke Glanz in der Mitte war verschwunden. Von den Sternen in unsrer Fahrtrichtung konnte das Licht nicht herrühren. Hatten wir etwa jetzt einen Spiegel vor uns? Ich drehte mich um, hinter uns war es dunkel. Der Teufel grinste. Mir wurde unbehaglich. Ich durfte mich vom Teufel in theoretischen Fragen nicht schlagen lassen. Wer weiß, was er dadurch für Rechte gewann. Das Licht konnte nur von hinten kommen, und doch fuhren wir ihm entgegen — wie ... aber freilich, so musste es sein —

'Na, Professorchen?', fragte der Teufel wieder mit unheimlicher Gemütlichkeit.

'Ich weiß es natürlich', sagte ich. 'Das ist das Licht, das wir auf seinem Wege einholen, deswegen scheint es, als käme es von vorn. Und da wir durch unsere Eigenbewegung die Lichtquellen auseinanderziehen, so sehen wir auch nicht die eigentlichen, leuchtenden, sondern die kurzwelligen ultravioletten Strahlen der hinter uns liegenden Sterne; die werden uns jetzt sichtbar. Vorher fiel dieses Licht nur nicht auf, weil es durch die Strahlen von vorn überglänzt war.'»

«Das verstehe ich nicht», sagte Frau Brösen. «Na' denken Sie sich mal«, rief der starke Herr, «eine lange, lange Kolonne Infanterie marschiert vor Ihnen, die holen Sie mit Ihrem Wagen ein und fahren daran vorbei. Da kommen Sie an allen Sektionen vorüber, aber zuerst an der letzten und dann an den früher abmarschierten immer später. Das ist genau so, als wenn der Wagen hielte und die Kolonne marschierte rückwärts an Ihnen vorbei.»

«Wissen Sie nicht», fiel die blaue Dame ein, «wie wir das letztemal ins Manöver fuhren, und mein Miezchen verlor das seidene Tuch? Da war's so. Aber da sahen wir doch immer die Leute von hinten?»

«Die Lichtwellen haben aber keinen Rücken«, brummte der starke Herr, «die übermitteln Ihnen überhaupt bloß den Eindruck der Schwingungen aufs Auge, die von den Gegenständen ausgehen. Wenn der Professor hätte bis auf die Erde sehen können, so hätte er jetzt alles genau der Zeit nach umgekehrt gesehen, der Uhrzeiger hätte sich von rechts nach links gedreht, und die Menschen wären alle wirklich rückwärts gelaufen.»

«Jawohl«, sagte der Professor. «Und ich hab' es sogar gesehen. Denn um den Teufel zu ärgern, bemerkte ich: 'Schade, dass es kein Mittel gibt, das uns die Dinge auf der Erde in erkennbarer Weise sichtbar macht. Dann könnten wir alles, was dort geschehen ist, jetzt zur Abwechslung einmal rückwärts ablaufen sehen. Wir müssten freilich viel langsamer fahren, denn bei unsrer Geschwindigkeit würde ja die Zeit rückwärts rasen, und man würde nichts deutlich wahrnehmen.'

'Haha!' Der Teufel lachte. 'Sie könnten natürlich so ein Fernrohr nicht machen, aber für mich ist das eine Kleinigkeit. Sehen Sie mal hier durch das Glas. Für unsre jetzige Entfernung wird es noch reichen. Einen Augenblick — so, ich habe nur unsre Geschwindigkeit so gemäßigt, dass wir das Licht in normaler Geschwindigkeit einholen. Wohin wollen Sie sehen?

'Nun, in unsre Stadt. Wahrhaftig, da hab' ich's schon. Das

ist ja die Ecke von der Schlammstraße, sogar die Hausnummer kann ich erkennen. Numero einundzwanzig.

«Wie?» Die blaue Dame stieß einen Schrei aus. «Das ist ja unser Haus! Was sahen Sie denn?»

«Ich sah durch das offene Fenster in das Garderobenzimmer —»

«Da hat das Mädchen wieder das Fenster aufgelassen, und ich habe doch —»

«Aber so hören Sie doch erst!» sagte Frau Brösen zu der blauen Dame.

«Ich konnte ganz gut alles erkennen«, fuhr der Professor fort. «Denn die Sonne schien ins Zimmer. Es war nämlich um die Mittagszeit am vorigen Sonnabend. Da wir jetzt schon eine Stunde mit zehnfacher Lichtgeschwindigkeit gefahren waren, so hatten wir nunmehr das Licht eingeholt, das vor zirka zehn Stunden von der Schlammstraße ausgegangen war.»

«Gott sei Dank«, rief die blaue Dame. «Da war ich nicht zu Hause.«

«Es war aber jemand in dem Zimmer. Ich musste mich nur erst daran gewöhnen, dass ich alles in umgekehrter Zeitfolge sah. Ich wäre auch gar nicht daraus klug geworden, wenn ich nicht immer nur momentan die Augen geöffnet und mir so eine Reihe von Augenblicksbildern geschaffen hätte. Aber wenn ich Ihnen die so nennen wollte, wie ich sie sah, immer das spätere zuerst, ein weibliches Wesen zur Tür hinausgehen, dann dasselbe Wesen im Zimmer, ein Kleid in einen Schrank legen, was aber herausnehmen bedeutet, dann erst den Schrank öffnen und so weiter, so würden Sie gar nicht klug daraus werden.»

«O Gott, o Gott! Sagen Sie nur, wie's wirklich war! Es waren gewiss Diebe da!»

«Ich weiß nicht. In richtiger Zeitfolge verlief die Sache etwa so, dass ein Mädchen erst in einer Schublade suchte und ein Paar weiße Handschuhe herausnahm —»

«Ach, die vierknöpfigen!»

«Dann aus dem Schrank einen Rock und eine weiße Bluse

—»

«Das war meine gestickte, wissen Sie, die mit den echten —»

«Und wie sie mit den Sachen zur Tür hinausging, blieb sie an der Klinke hängen, und es gab einen großen Riss in den Spitzen —»

«O Himmel! Himmel! Das war mein Mädchen, die wollte ja abends auf den Ball, die hat sich meine Sachen geborgt! Oh! Ich muss nach Hause, gleich!«

Die blaue Dame sprang auf. Der sanfte Jüngling machte eine Verbeugung.

Der Professor fuhr fort: «Ich suchte nun noch weiter mit dem Glase, aber der Teufel nahm es mir aus der Hand.

'Nun', sagte er mit funkelnden Augen —»

Die blaue Dame seufzte und setzte sich wieder.

«'Nun, Herr Professor, erklären Sie mir doch einmal dieses Glas auf natürlichem Wege?'

'Das habe ich gar nicht nötig', sagte ich ganz ruhig. 'Sie können von mir eine Erklärung nur von natürlichen Vorgängen verlangen, aber Ihr Glas ist irgendeine teuflische Erfindung, will sagen, eine Spiegelfechterei, die die Naturwissenschaft nichts angeht. Da müssten Sie mir erst beweisen, dass es ein richtiggehendes optisches Instrument und nicht eine psychologische Täuschung ist, ehe Sie eine Theorie von mir erwarten dürfen.'

'Verdammter Kerl, so ein Professor!', knurrte der Teufel.

Ich tat, als hätte ich nichts gehört.

'Aber', fing er wieder an, 'dass wir überhaupt mit zehnfacher Lichtgeschwindigkeit fahren, die ich jetzt wieder hergestellt habe, das ist doch ein rein technisches Problem, das müssen Sie lösen. Wenn Sie das nicht können, geb' ich mir gar nicht erst soviel Mühe mit Ihnen. Ich mache bloß diese Klappe auf, dann fallen Sie heraus, und die Sternschnuppe ist fertig.'

Die Sache wurde fatal. Ich dachte nach. So habe ich noch nie nachgedacht und will's auch nicht wieder tun. Glücklicherweise bin ich Philosoph. Ich sagte mir: Ich muss die

Sache ganz abstrakt fassen. Der Teufel konnte mir noch viele Fragen stellen, um mich hineinzulegen. Ich musste den Teufel selbst erklären!

Der Teufel brüllte mich an, er dachte offenbar, er hätte mich schon.

'Wird's bald?' schrie er.

'Wissen Sie', sagte ich, 'es gibt zwei Erklärungen. Eine psychologische und eine metaphysische. Nach der psychologischen sind Sie weiter nichts als mein Traumgebilde, eine Phantasie überhaupt, eine Menschheitsphantasie.'

Der Teufel machte eine Bewegung, als wollte er die Klappe öffnen und mich in den Weltraum fallen lassen.

'Das nutzt Ihnen gar nichts', sagte ich schnell, 'damit können Sie nichts beweisen. Denn wenn Sie nur eine Phantasie sind, so würde auch mein Fall nur Phantasie sein, und ich würde doch an meinem Schreibtisch, oder wo ich sonst eingeschlafen bin, wieder ganz munter erwachen.'

'Sie wachen!', brüllte er wieder.

'Ich glaube es auch', sagte ich.

'Denn wenn sich diese Geschichte nur als Traum entpuppte und nicht jetzt wirklich von mir erlebt würde, so wäre sie ziemlich abgedroschen. Dieses Traummotiv habe ich schon zu oft verwertet.'

'Nun also!'

'Also die metaphysische Erklärung. Da gibt es wieder zwei Erklärungen. Die eine ist naturphilosophisch-kosmologisch, die andere ist mehr ethisch-noologisch.'

'Herr, Sie können einen rasend machen! Ich will nicht immer zwei Erklärungen, ich will die richtige.'

'In Ihrer Frage, wie Sie das machen, so schnell zu fahren, liegen aber zwei Probleme. Ich kann fragen: Woher kommt es, dass Sie über diese Energiemenge verfügen, die Sie zu der Geschwindigkeit brauchen; und ich kann fragen: Woher kommen Sie selbst?'

Der Teufel sah mich mit einem Gesichte an, dass ich mich schämte, so dumm-erstaunt aussehen zu können.

'Sie haben doch überhaupt nicht zu fragen', polterte er

dann, 'sondern ich.'

'Aber eine Frage erlauben Sie mir noch!', sagte ich sehr höflich. 'Es ist nur, damit ich bei meiner Erklärung nicht erst überflüssige Auseinandersetzungen mache.'

'Na', sagte er etwas milder, 'das will ich noch gelten lassen. Ich will sie sogar beantworten. Aber das ist die letzte Frage, sonst —'

'Sagen Sie mir bitte, können Sie Wunder tun?'

Da ging eine seltsame Veränderung mit dem Teufel vor. Seine Züge verzerrten sich, er sah gar nicht mehr aus wie ich, er sah aus wie ein tief unglücklicher Mensch und doch wie ein gewaltiger Herr von furchtbarer Willensstärke, den eine Ohnmacht überrascht hat. Ich erschrak. Aber es dauerte nur einen Augenblick. Dann war er wieder der alte. Er runzelte die Stirn und fragte: 'Was soll das heißen? Erschaffen kann ich nichts!'

'Ich meine', erwiderte ich, 'können Sie an der ursprünglichen Verteilung der Welt-Energie willkürliche Änderungen hervorrufen, so dass plötzlich für unsere Erkenntnis gänzlich: unerwartete und unerklärliche Dinge auftreten?'

Er lachte bitter. 'Für euch Menschen unerklärlich? Das wäre was Rechtes! Wie weit könnt ihr denn sehen? Ihr seid endliche Geister, und dem Unendlichen gegenüber seid ihr ohnmächtig. Ich aber kann hineingreifen ins Unendliche, wo noch zahllose Weltsysteme mit unendlichen Energieformen schweben, und kann aus ihnen hereinschieben in euren Milchstraßenraum, was ich brauche, dass euch die Haare zu Berge stehen.'

'Aha', sagte ich, 'so haben Sie also diese Bewegungsenergie mit der fabelhaften Intensität, die uns zehnfache Lichtgeschwindigkeit gibt, aus irgendeinem unendlich fernen Sternsystem hierhergeschoben?

'Ungefähr so, wenn auch nicht so einfach, wie Sie sich das denken. Nicht aus einem System, wie dieses hier, sondern aus einem ganz andern Orte, von dem Sie keine Vorstellung haben können.'

'Nun also', meinte ich, 'da ist ja die Sache natürlich erklärt. Es fragt sich nur, warum Sie sich diese Mühe machen? Ich möchte mir erlauben zu bemerken, dass Sie da etwas sehr Törichtes getan haben.'

Da fuhr der Teufel in die Höhe. Es sprühte jetzt tatsächlich Feuer aus seinen Augen, und ich bereute meine Worte. 'Elender Wurm', brüllte er mich an, 'wie kannst du es wagen, über die Handlungen unendlicher Geister zu urteilen. Zermalmen würde ich dich, wenn nicht—wenn nicht —', und mit ruhiger Stimme sprach er weiter: 'Wenn Sie nicht eigentlich ganz recht hätten, Herr Professor.'

Und damit sank er wieder wie gebrochen zusammen.

Bei diesem Umschlag ging meine Angst in stille Freude und Sicherheit über. Was konnte mir denn passieren, solange ich recht behielt? Ich glaubte es klar zu erkennen: So mächtig dieser Teufel war, eine Macht war über ihm, das war die Vernunft. Nur wenn ich ihm darin unterlag, mochte ich verloren sein. Aber was nutzte mir das alles, wenn es mir nicht gelang, wieder zur Erde zu entkommen, zu der ich gehörte? Ich wollte doch nicht hier durch Ewigkeiten im Raume reisen. Fragen durfte ich nicht mehr. Was tun?»

«Oh, oh, oh!» seufzte der sanfte Jüngling und nippte an seiner Zitronenlimonade.

Der Professor fuhr fort: «'Sie sprachen da', begann ich vorsichtig, 'von den Handlungen unendlicher Geister. Das klingt gerade so," als wenn es mehrere dieser Art gäbe.

'Es gibt nur zwei', sagte der Teufel müde, 'der eine bin ich, und von dem andern sprech' ich nicht gern.'

'Hm! Der andre —'

'Schweigen Sie davon!' unterbrach er mich unwirsch.

'Ich wollte nur sagen, der könnte doch auch ins Unendliche greifen und hier die wunderbarsten Dinge produzieren.'

'Nein!', brüllte er jetzt wieder wütend. 'Der tut's eben nicht. Der hat es nicht nötig. Der ist ja doch die Weltvernunft selbst. Der hat die ganze Geschichte so schön eingerichtet, dass alles von selber läuft. Der macht keine Fehler, so braucht er keine Wunder, um sie zu korrigieren. Und das ist eben mein Unheil, das ist meine Tragödie!'

'Aha! Da sind Sie ja auch erklärt, Herr Teufel! Die Macht haben Sie zwar, aber nicht die Vernunft!'

'Ein Elend ist's, ein vermaledeites. Ich bin nur dazu da, die Fehler in der Welt zu machen. Und auch das nützt mir nichts. Denn die Vernunft kuriert sie immer wieder aus. Das Unvernünftige bloß geht zugrunde. Und so mache ich mich eigentlich selbst tot.'

'Sie sind also sozusagen der chronische Selbstmord.'

'Ach was, das ist nicht so wörtlich zu nehmen. Ich habe ja das Unendliche zur Verfügung. Soviel Unvernünftiges auch weggeschafft wird, ich bringe immer neue Störungen hinein. Mit unsrer Fahrt zum Beispiel habe ich eine ganz nette Konfusion in die Welt geworfen. Schon die Untersuchung morgen, wo Sie hingekommen sind —'

'Verzeihen Sie, das ist doch aber wirklich eine Kleinigkeit. Da gibt's ein paar Zeitungsartikel, und dann ist die Sache vergessen. Warum sprengen Sie nicht die Erde auseinander? Warum drücken Sie nicht das ganze Milchstraßensystem zu einem Klumpen zusammen?'

'Haha!' Der Teufel lachte. 'Was hätte ich davon? Ob das bisschen Materie oder Energie, oder wie Sie's nennen wollen, so oder so im Raume umherschwirrt, ob die Stückchen Stoff kleiner oder größer sind, das macht im Grunde verflucht wenig aus. Das Zeug ist ja in unendlichen Mengen da, der Raum und die Zeit auch. Was man so die Natur nennt, das Existierende im Raum, für das ist es ganz egal, wie sich's gestaltet, das hat unendlich viele Wege, um zu seinem Ziel zu kommen. Aber das Ziel, die Idee! Sehen Sie, das ist die Hauptsache! Wenn ich daran etwas ändern könnte! Im Bewusstsein liegt's! Darin steckt das Gesetz, da steckt der ganze Weltzweck, daran muss ich mich machen. Deswegen wende ich mich mit Vorliebe an die gelehrten Herren; die sind es, von denen die Vernunftideen gehalten werden. Wenn ich so einen Philosophen holen kann, wie Sie zum Beispiel, lieber Professor, da richt' ich mehr aus, als wenn ich eine Million Sonnensysteme demolierte; denn da tu' ich der Vernunft selbst Schaden.'

'Das ist mir ja ganz außerordentlich schmeichelhaft', sagte ich. 'Warum haben Sie aber da nicht lieber Leute wie Sokrates, Galilei, Kant und dergleichen geholt?'

'Hab' ich ja, hab' ich! Sie wissen doch, habe die Staatsgewalten gegen sie gehetzt. Kam nur leider zu spät. Aber —— na, warum soll ich mich nicht einmal ein bisschen gegen Sie aussprechen. Sie kommen ja doch nicht mehr auf die Erde zurück und können's nicht ausplaudern.'

Oh weh! dachte ich für mich.

'Also, Sie sagten vorhin, ich hätte die Macht. Aber die ist ziemlich beschränkt. Es ist nun einmal so mit der Welt — das Ziel, die Idee ist zeitlos, ist ein bestimmender Gedanke. Aber Wollen und Denken allein können nichts schaffen, können sich nicht verwirklichen als Seiendes; dazu gehört eine andre Form des Zusammenhangs ——'

'Ich weiß schon', sagte ich, 'dazu gehört die Existenz in Raum und Zeit. Eine Million Mark habe ich schon oft gedacht und gewollt, aber dazu gebracht hab' ich's immer noch nicht, weil dazu ein Objekt in Zeit und Raum gehört, sei's auch nur jemand, der sie mir schuldet.'

'Na also, sehen Sie! Und so wenig ich die Existenz von irgend etwas im Raume setzen kann, ebensowenig kann ich etwas aus dem Raume fortschaffen, was einmal drin ist. Denn der Raum ist *unendlich*, daran hängt's! Und selbst ein unendlicher Geist kann das im Raum Existierende nur umwandeln' er kann die Milchstraße zu Bayrischbier verarbeiten, aber das bleibt immer im Raume, und ein andrer unendlicher Geist kann wieder Sonnen, Planeten und Philosophen daraus fabrizieren.'

'Aber wenn der Raum nicht unendlich wäre? Wenn er gewissermaßen in sich selbst zurückliefe, falls man nur weit genug darin fortflöge?' sagte ich lauernd.

'Hahaha!' Der Teufel lachte. 'Ja wenn! Wenn er wie eine große ringförmige Schachtel wäre, in der man zwar ewig in der Runde herumlaufen, aus der man aber auch einfach etwas hinaustun könnte! Dann hätte ich gewonnenes Spiel. Da könnte ich so eines nach dem andern aus dem Raume werfen, mit andern Worten, ich könnte Existenz vernichten, absolut zu nichts machen. Aber tun Sie einmal etwas aus einer Schachtel hinaus, wenn die Schachtel überhaupt nichts außer sich hat, höchstens dass sie wieder in einer Schachtel steckt und so immer wieder und wieder in einer andern. Das hat eben die Weltvernunft so schlau eingerichtet, dass sie die Formen der Existenz an dasselbe Gesetz der Unendlichkeit gebunden hat, wie die Formen des Denkbaren. Und so bin ich 'armer Teufel' immer nur auf kleine Mittel angewiesen, wenn ich der Existenz des Vernünftigen an den Leib will.'

Als ich den Teufel so reden hörte, ward mir ganz wundersam froh zumute. Ein Plan der Rettung tauchte in mir auf.»

«Ach ja!» sagte plötzlich der sanfte Jüngling, der bis jetzt aus Bescheidenheit geschwiegen hatte.

Der Professor sah ihn verwundert an.

«Entschuldigen Sie«, stammelte der Jüngling, «ich freute mich nur so, dass der Teufel schließlich doch nichts ausrichten kann, selbst nicht mit dem bayrischen Bier.»

«Na«, meinte der Professor, «da freuen Sie sich nur nicht zu früh.»

«Aber der Alkohol ist doch eine teuflische Einrichtung«, bemerkte der sanfte Jüngling schüchtern.

«Der ist doch wohl eines der größten Mittel des Teufels.»

«Da ist der Teufel anderer Meinung. Wissen Sie, was er weiter zu mir sagte? Ich brachte ihn nämlich auf seine sogenannten kleinen Mittel, weil ich inzwischen über meinen Plan nachdenken wollte. Und da sagte er unter anderem, jetzt betreibe er mit Vorliebe die Verbreitung der Abstinenz.»

«Was? Wie?»

«Ja. 'Der Alkoholgenuss nämlich', so sagte der Teufel, 'ist einer meiner größten Feinde. Ohne den wäre die Menschheit wohl längst ausgestorben. Es ist freilich richtig, durch den Missbrauch des Alkohols, den sogenannten Suff, werden ja viele Menschen und ganze Generationen ruiniert, aber das nützt mir nicht viel. Das sind nämlich immer haltlose Menschen ohne Willensstärke. Insofern wirkt also der Suff als eine moralische Auslese; durch ihn werden gerade die charakterlosen Menschen vernichtet und an der Weiterverbreitung verhindert, während die sittlich starken übrigbleiben. Der Suff verbessert die Rasse. Das ist mir natürlich fatal. Die Abstinenz als Gewohnheit bewirkt nur, dass auch die Willensschwachen und Schwächlichen sich erhalten, und verschlechtert somit die Menschheit; denn sie ändert ja nicht den Charakter der Menschen, sondern beseitigt nur ein Symptom ihrer Schwäche.'»

«Aber, aber —»

«Ich teile ja nur mit, was der Teufel sagte. 'Übrigens', fuhr er fort, ist die Beseitigung des sogenannten Suffs nur Nebensache. Was mich an der Abstinenz freut, ist, dass sie der Menschheit das unentbehrlichste Vorbeugungs- und Anregungsmittel entzieht. Lassen Sie nur ein paar Generationen keinen Alkohol mehr genießen, so stirbt in den folgenden das ganze Volk an Darmkrankheiten und Nerventrägheit aus. Absolute Abstinenz fördere ich daher mit Vorliebe.'»

«Oh, oh, Herr Professor», seufzte der sanfte Jüngling.

«Sehr richtig!» rief der starke Herr.

Die blaue Dame bat um ein Glas Glühwein.

«Jetzt aber», sagte die kleine Brösen, «kommen Sie nun endlich dazu, wie Sie den Teufel losgeworden sind.»

«Gern», begann der Professor wieder. «Wir redeten noch so allerlei, dazwischen fragte ich, wie man es denn mache, das Raum-Automobil anzuhalten.

'Haha!' Der Teufel lachte. 'Sie denken wohl, das werde ich Ihnen sagen? Die Operation mit dem unendlichen Vektor? Nein, das kann ein endlicher Geist nie verstehen. Ich drücke nur so — so ... Die Energie kommt nicht aus dem Unendlichfernen, sondern aus dem Unendlichkleinen!'

'Und da ist so viel darin?'

'I nun, natürlich. Da sind ja die unendlich vielen Unteratomwelten! Ich kann da Bewegungsenergie von beliebig hoher Intensität herausziehen —'

'Was? Wir könnten noch schneller fahren?'

'Freilich, mit tausend-, mit millionenfacher Lichtgeschwindigkeit.'

'Das glaube ich nicht.'

'Herr, ich muss bitten!'

'Entschuldigen Sie! Aber doch keinesfalls mit zwanzigmillionenfacher Lichtgeschwindigkeit?'

'Ich werde es Ihnen gleich zeigen. Dann lassen Sie mich aber ein wenig in Ruhe, denn es fällt mir nicht ein, mich sämtliche hunderttausend Billionen Kilometer unserer Reise hindurch zu unterhalten.'

Der Teufel machte nun einige seltsame Manipulationen, wobei er mich mit der einen Hand festhielt. Als er mich wieder losließ, bemerkte ich, dass wir eine ganz unbeschreibliche Geschwindigkeit angenommen haben mussten. Die näheren Sterne zur Seite ließen wir rasch hinter uns. Wir fuhren in der Sekunde sechs Billionen Kilometer; das ist ein Weg, zu dem das Licht über ein halbes Jahr braucht. Gleich darauf legte sich der Teufel zurück und schlief sofort ein.»

«Na, erlauben Sie mal», sagte der starke Herr, als der Professor eine Pause machte, um sich eine neue Zigarre anzuzünden, «das von den kolossalen im Unendlichkleinen noch festgelegten Energiemengen will ich allenfalls glauben. Wir haben ja beim Radium gesehen, welcher Kraftvorrat noch in den Atomen ruht, und es ist jedenfalls denkbar, dass weit unter dem uns Zugänglichen noch unerschöpfliche gebundene Kräfte stecken. Denn das Unendliche geht so gut nach unten wie nach oben, für uns ist's nur ein Fragezeichen, und der Teufel weiß, wie man dazu kann. Aber dass ebendieser Teufel auch schlafen sollte wie unsereiner, das sollen Sie mir nicht weismachen.»

Der Professor brachte erst mit großer Sorgfalt seine Zigarre in Brand, dann schaute er den starken Herrn vergnüglich an und sprach: «Er schlief ja auch gar nicht. Ich dachte mir natürlich gleich, dass das bloß ein Kniff sei. Er hatte doch offenbar noch andres zu tun, als mit mir zu reisen, wollte mich aber nicht ohne Aufsicht lassen; und da er meine Gestalt deshalb beibehalten musste, so konnte er sich vermutlich nicht anders helfen, als sich schlafend zu stellen. Wahrscheinlich war er durch irgendwelche Rücksichten, die ich nicht kenne, dazu gezwungen, denn sonst hätte er's nicht gerade in dem Augenblick getan, als ich ihn zu der Sechsbillionengeschwindigkeit beredet hatte.»

«Ja, aber warum taten Sie denn das überhaupt?» fragte Frau Brösen. «Ich habe mich schon vorhin gewundert. Sie sollten doch — so ... na, ich weiß nicht, wie weit reisen, da lag es in Ihrem Vorteil, möglichst langsam zu fahren, um nicht so bald ... Was sollten Sie doch werden?»

«Ein Meteor — oder auf den Mars verheiratet. Hm», sagte der Professor, «ich wollte aber weder das eine noch das andere, auch wollt' ich nicht so lange reisen, ich wollte nach der Erde zurück, und dazu musste ich möglichst schnell fliegen, und zwar immer geradeaus.»

«Das versteh' ich nicht», rief Frau Brösen. «Reden Sie deutlicher.»

«Nun, wenn Sie von hier aus immer gerade nach Westen reisen, so kommen Sie, da die Erde eine Kugel ist, doch schließlich vom Osten her an dieses liebliche Weltdorf wieder zurück.»

«So klug bin ich auch. Aber die Welt ist doch keine Kugel, an deren Oberfläche ich herumreise.»

«Nein, aber der Raum, sehen Sie, der Raum, worin wir alle uns bewegen, der ist nämlich krumm, ohne dass wir's merken. Früher haben die Menschen auch die Erdoberfläche für eine Ebene gehalten, auf der man geradeaus gehen konnte, und jetzt wissen wir, dass wir auf einem Kreise reisen, obwohl wir immer dieselbe Richtung einhalten. Unsre Mathematiker wissen nun schon lange, dass es mit unserm Raume auch sein könnte. Allerdings besaß man kein Mittel, um zu entscheiden, ob unser Raum wirklich in sich zurücklaufe, man wusste nur, dass für das Denken kein Widerspruch darin liegt. Nun aber ist es mir wirklich gelungen, zu entdecken, was der Teufel nicht wusste — meine

Abhandlung ist nämlich noch nicht veröffentlicht —, es ist mir geglückt, den sogenannten Krümmungsradius unsres Raumes mit voller Sicherheit zu bestimmen. Um es streng wissenschaftlich auszudrücken: Unser Raum ist kein euklidischer, sondern ein sogenannter elliptischer Raum mit zugeordneten Polen und einem Krümmungsradius von etwas über dreitausend Lichtjahren; das bedeutet, dass das Licht etwas über zehntausend Jahre braucht, um wieder an seinen Ausgangspunkt zurückzukehren.»

«Na, na, na!» rief der starke Herr. «Das könnte schon sein, aber da müssten wir doch auch das Sonnenlicht wieder von der andern Seite zurückkommen sehen; wir müssten immer eine Gegensonne im Rücken haben.»

«Würden wir auch, wenn der Raum vollständig durchsichtig wäre. Aber in diesem Raum treibt sich so viel lichtverschluckender Staub herum, dass auch das stärkste Licht nicht den ganzen Weg zurücklegen kann, ohne aufgesaugt zu werden. Wir können so weit nicht sehen, selbst der Teufel nicht. Na, und der beste Beweis dafür ist: Ich bin den ganzen Weg gefahren.»

«Aber», brummte der starke Herr, «woher wussten Sie denn, dass Ihr Wägelchen nicht von der geraden, will sagen, der kürzesten Linie im Raume abgelenkt werden konnte?»

«Nun, der Teufel hatte mir doch gesagt, unser Fahrzeug sei aus Stellit. Das ist der Name, den ich für einen idealen Stoff gewählt habe, wodurch alles von ihm Umschlossene frei von der Schwerewirkung wird. Wir könnten demnach durch die Anziehung der Sterne nicht abgelenkt werden. Ich durfte also annehmen, dass unser geradliniger Weg, der nach Ansicht des Teufels ins Unendliche führte, uns tatsächlich wieder in das Sonnensystem zurückbringen musste. Deswegen hatte ich den Teufel überredet, unsre Geschwindigkeit auf die zwanzigmillionenfache des Lichts zu bringen. Denn dann konnten wir, wie ich mir schon ausgerechnet hatte, die ganze wirkliche Reise um die Welt in noch nicht ganz fünf Stunden vollenden. Und ich wollte doch noch gern während der Nacht nach Hause kommen.»

«Nach Hause?» rief die blaue Dame, wieder aufspringend. «Ach ja, ich wollte ja auch nach Hause. Ich muss ja nachsehen —»

«Na, nun warten Sie nur noch ein wenig», beruhigte sie der Professor. «Mit dem 'nach Hause' war es nicht so einfach. Ich wollte zunächst nur wieder in unserm Sonnensystem sein, denn in diesen fremden Fixsternwelten konnte sich ja kein Mensch auskennen. Aber wirklich nach Hause, ja auch nur nach der Erde und aus diesem Miniatur-Weltkörperchen herauskommen — das war die Schwierigkeit. Und das sagte ich mir von vornherein, dass ich dazu den Teufel nötig hatte. Ich wusste ja nicht, wie er mich hereingebracht hatte — auch er nur konnte mich wieder herausbugsieren. Zunächst schien er neben mir zu schlafen, obgleich ich sicher war, dass dieses Phantom neben mir nur eine Attrappe vorstellte, einen Meldeapparat für den Teufel, wenn ich irgend etwas Eigenmächtiges an dem Apparat zu ändern versucht hätte. Ich verhielt mich mäuschenstill. Vier Stunden etwa mussten noch vergehen, ehe unsre Mutter Sonne als kleines, schwaches Sternchen wieder auftauchen konnte, und dann näherten wir uns ihr von der andern Seite her. Und die Erde war auch ein Stück auf ihrer Bahn fortgelaufen und hatte sich dabei um ihre Achse gedreht. Und wenn wir so mit unsrer wahnsinnigen Geschwindigkeit gegen die Erde angefahren wären, so hätten wir einfach ein Loch hindurchgeschossen, falls das Stellit es aushielt. Während ich mir das alles überlegte, wurde mir ganz jämmerlich zumute. Schlimmer konnte mich der Teufel wahrhaftig nicht holen. Ich kann schon das Reisen überhaupt nicht leiden, und nun gar, wenn das Ankommen so unbestimmt ist! Und nicht einmal etwas zu essen oder zu trinken, nicht einmal eine Zigarre!»

«Sie tun mir aber auch wirklich leid», sagte die blaue Dame gutmütig.

«Nicht wahr? Ich mir auch. Ich sah ja unglaubliche Dinge in jenen fernen Weltgegenden, Lichtnebel vor mir lösten sich zu Sternenhimmeln auf und schwanden wieder hinter mir zu schimmernden Wölkchen; ich aber saß neben dem schlafenden Teufel, Stunde um Stunde, und wusste nicht, soll ich ihn rufen, soll ich noch warten. — Und nun fiel mir's erst aufs Herz: Bei der rasenden Geschwindigkeit, mit der wir fuhren, war es ja gar nicht möglich, irgendein Sternbild zu erkennen, wenn wir auch wieder in unsre Himmelsgegend kamen — ich hätte gar nicht gewusst, ob ich an der Sonne vorbeisauste, denn selbst einen Raum vom sechzigfachen Durchmesser der Neptunsbahn durchmaßen wir im zehnten Teil einer Sekunde; ich war einfach verloren im Weltraum, ich war selbst schon viel weniger als eine Sternschnuppe ...

Da — ich fühlte, wie ich den Sitz unter mir verlor, aber irgendeine Gegenkraft hielt mich schwebend; ich kam zur Ruhe und merkte sofort, dass die Sterne wieder stillstanden, ich erkannte den vertrauten Himmel unsrer Milchstraße, und da, direkt vor uns, das hellstrahlende Pünktchen, das konnte nichts andres sein als unsre liebe Sonne —

'So soll doch aber!' polterte der erwachte Teufel neben mir, der seinen Sitz ebenfalls unfreiwillig verlassen hatte. 'Da habe ich vergessen, die zwanzigmillionenfache Lichtgeschwindigkeit abzustellen, und nun — nun haben wir das ganze Reiseprogramm von hunderttausend Billionen Kilometern in kaum fünf Stunden abgefahren!'

Nun sah ich, dass der Teufel unter seinem Sitze eine richtige Taxameteruhr gehabt hatte, die auf hunderttausend Billionen Kilometer gestellt war. In dem Augenblick, da diese Strecke von dem Automobil abgefahren war, hatte es sich selbsttätig bis auf einfache Eigengeschwindigkeit der Sonne abgebremst. Aber ich bekam einen neuen Schreck. Jetzt fiel mir erst auf, dass die vom Teufel mir bestimmte Reisestrecke mit dem Umfang des elliptischen Raumes, wie ich ihn berechnet hatte, fast genau übereinkam. Hatte der Teufel vielleicht doch gewusst, dass der Raum endlich ist? Hatte er mich getäuscht und sich vorgesehen?

Das ging mir durch den Kopf, während der Teufel bereits fortfuhr: 'Wo sind wir denn eigentlich? Das versteh' ich nun wirklich nicht. Wir sind ja wieder im Sonnensystem, dicht an der Neptunsbahn, aber genau an der entgegengesetzten Seite, als wo wir hinausfuhren. In der Richtung sind wir aber nirgends abgewichen, das hätte ich gleich gemerkt.'

Nun erkannte ich, dass der Teufel nichts vom Krümmungsmaß des Raumes wusste. Mochte die Übereinstimmung der Zahlen nur Zufall sein oder irgendeinen unbekannten inneren Grund haben, jedenfalls hielt mein Begleiter den Raum immer noch für unendlich.

'Gestatten Sie', fiel ich daher neu ermutigt ein, 'das kann ich Ihnen nun gleich erklären. Ich hoffe aber, Sie werden dann —'

'Gar nichts werde ich. Die Reise ist zu Ende, und jetzt mache ich mit Ihnen, was ich Lust habe. Aber erklären können Sie vorher immer noch.'

'Hm!' brummte ich. 'Sie haben sich eben getäuscht, wenn Sie den Raum für unendlich hielten. Unsere Mathematiker wissen längst, dass unendlich viele Raumarten denkbar sind, die keinerlei Widerspruch in sich enthalten. Nur ob unser Raum, die Bedingungsform unsrer Existenz, jene Eigenschaft der Krümmung besitzt, das ließ sich nicht beweisen. Nun sind wir aber tatsächlich immer geradeaus gefahren und doch wieder an dieselbe Stelle zurückgekommen. Also ist der Raum unsrer Erfahrung nicht ein sogenannter euklidischer Raum, sondern er führt nach hunderttausend Billionen Kilometern in sich zurück. Der Raum ist *endlich*. Ich habe das schon lange gewusst; hätten Sie mich meine Manuskripte mitnehmen lassen, da steht's.'

Der Teufel blieb eine Weile ganz starr und dachte nach. 'Was?' rief er dann. 'Der Raum ist wahrhaftig krumm? Das heißt, er ist nicht unendlich? Und das habe ich nie gemerkt? Freilich bin ich auch noch niemals so wahnsinnig schnell geradeaus gefahren. Dann aber, wenn das so ist — ha! Dann weiß es auch der andre nicht! Dann ist ja die ganze Weltvernunft auf dem Holzwege! Dann ist die Form der körperlichen Existenz nicht ebenso unendlich wie die Form des Gedankens und der Idee? Ei, dann habe ich gewonnen! Dann kann ich ja nach und nach die ganze Natur, all ihren gesetzlichen Inhalt, aus ihrer Existenzform hinauswerfen, ins Nichts verrinnen lassen — ich kann *vernichten*! Was kein Gott und kein Teufel zu begreifen vermochte, so ein Professor kriegt es heraus! Bei meiner Großmutter, du bist ein Prachtkerl! Bruderherz, ich muss dich umarmen!'

Eigentlich war ich etwas beschämt; aber ich sagte doch: 'Nun werden Sie aber wohl —'

'I natürlich!' rief der Teufel. 'Dich lass' ich laufen. Um dich wär' es schade. So ein Genie muss den Menschen erhalten bleiben. Gleich bring' ich dich auf die Erde zurück.'»

«Hohoho!» Der starke Herr lachte. „Da sind Sie aber schön reingefallen!»

Der Professor schwieg und nickte ein paarmal leicht mit dem Kopfe. Dann nahm er einen Schluck aus dem Glase und zündete die Zigarre wieder an.

«Nun, und? Was weiter?» fragte die kleine Brösen. «Das war das letzte, was ich vom Teufel hörte. Ich fand mich in meinem Arbeitszimmer wieder. Die Uhr zeigte fünfundzwanzig Minuten nach zwei Uhr morgens. Sonntag. Ich war todmüde und ging zu Bett.»

«Aber, Herr Professor“, fragte die blaue Dame, «die Geschichte ist doch wohl gar nicht wahr?»

«Es ist alles wahr, ganz genau, bis auf die Hausnummer der Schlammstraße: einundzwanzig; diese kleine Episode spielte in einer andern Wohnung. Aber das andere — darauf können Sie sich verlassen.»

«Hohoho! Prosit Professor!» rief der starke Herr. Der sanfte Jüngling goss sich ein Glas Wasser ein, und die blaue Dame sagte: «Es ist aber doch wirklich nett vom Teufel, dass er Sie wiedergebracht hat.»

Die Universalbibliothek

«Nun setze dich endlich einmal her, Max, sagte der Professor Wallhausen, «es ist wirklich nichts für deine Zeitschrift unter meinen Papieren. Was darf ich dir eingießen, Wein oder Bier?»

Max Burkel trat an den Tisch und zog die Augenbrauen bedächtig in die Höhe. Dann ließ er seine kräftige Figur behäbig auf dem Lehnstuhl nieder und sprach: «Eigentlich bin ich Temperenzler geworden. Aber auf Reisen — ich sehe, ihr habt da so ein prächtiges Kulmbacher . . . ach, ich danke sehr, liebes Fräulein — nicht so voll! Na, wohl bekomm's, alter Knabe, verehrte Freundin! Prosit, Fräulein Briggen! Das ist riesig gemütlich, dass ich wieder einmal bei dir sitze. Aber, da hilft nun nichts, schreiben musst du mir doch etwas.»

«Das brauchst du einem geplagten Redakteur wahrhaftig nicht erst zu sagen. Es fragt sich nur. was davon das Überflüssige ist. Darüber sind Publikum und Autor sehr verschiedener Ansicht. Und unsereiner trifft immer gerade das, was die Kritik für überflüssig hält. Ha, ich freue mich» — und er rieb sich vergnügt die Hände — «dass mein Vertreter noch drei Wochen für mich schwitzen muss.»

«Ich wundere mich», begann die Hausfrau, «dass Sie überhaupt immer noch etwas Neues zu drucken haben. Ich dachte, es müsste nun so ziemlich alles durchprobiert sein, was Sie mit ihren paar Lettern zusammenstellen können.»

«Das ist eigentlich wahr, Frau Professor — sollte man denken —, aber, der menschliche Geist ist unerschöpflich —»

«In Wiederholungen — meinen Sie.» «Gott sei Dank, ja!» Burkel lachte. «Aber doch auch an Neuem.»

«Und trotzdem, bemerkte der Professor, vermag man alles in Lettern darzustellen, was der Menschheit jemals gegeben werden kann an geschichtlichem Erlebnis, an wissenschaftlicher Erkenntnis, an poetischer Kraft, an Lehren der Weisheit. Wenigstens, soweit es sich in der Sprache ausdrücken lässt. Denn unsere Bücher vermitteln doch tatsächlich das Wissen der Menschheit und bewahren den Schatz, den die Arbeit des Denkens gehäuft hat. Die Zahl der möglichen Kombinationen gegebener Buchstaben ist aber begrenzt. Also muss alle überhaupt mögliche Literatur sich in einer endlichen Anzahl von Bänden niederlegen lassen.»

«Na, alter Freund, da redest du wohl wieder einmal mehr als Mathematiker denn als Philosoph. Wie soll das Unerschöpfliche endlich sein?»

«Erlaube, ich will dir gleich ausrechnen, wieviel Bände die Universalbilbliothek haben wird.»

«Du, Onkel, wird‘s sehr gelehrt?», fragte Susanne Briggen. «Aber Suse, für eine junge Dame, die eben aus der Pension kommt, ist doch nichts zu gelehrt?»

«Danke schön, Onkel, aber ich fragte eigentlich nur, um zu wissen, ob ich mir meine Handarbeit dazu holen soll, weil — ich dann besser nachdenken kann, weißt du.»

«Aha, Schlauköpfchen, du wolltest eigentlich wissen, ob ich eine sehr lange Rede halten werde. Ich denke gar nicht dran. Doch du könntest mir einmal dort den Bogen Papier vom Schreibtisch geben und den Bleistift.»

«Bringen Sie nur auch gleich die Logarithmentafel mit», bemerkte Burkel trocken.

«Um Gottes willen»,wehrte die Hausfrau.

«Nein, nein, ist nicht nötig», rief der Professor. «Und mit der Handarbeit brauchst du nicht zu protzen, Suse.»

«Hier hast du eine bequemere», sagte die Hausfrau und schob ihr die Schale mit Äpfeln und Nüssen hin.

«Danke», antwortete Susanne und ergriff den Nussknacker. «Nun nehme ich‘s mit deinen härtesten Nüssen auf.»

«Jetzt kann erst einmal unser Freund reden», begann der Professor.

«Ich sagte: Wenn man sich knapp einrichtet und auf besondere ästhetische Darstellung durch verschiedene Schriftgattungen verzichtet, auch mit einem Leser rechnet, der es nicht zu bequem haben will, dem es nur auf den Sinn ankommt —»

«Aber den gibt's ja gar nicht.»

«Nun, nehmen wir ihn an. Wieviel Lettern wird man für die gesamte schöne und Unterhaltungsliteratur brauchen?»

«Na», sagte Burkel, »«beschränken wir uns auf die großen und kleinen Buchstaben des lateinischen Alphabets, die gebräuchlichen Interpunktionszeichen, die Ziffern und — nicht zu vergessen — das Spatium —»

Susanne blickte fragend von ihren Nüssen auf.

«Das ist die Type für den Zwischenraum, wodurch der Setzer die einzelnen Worte auseinanderhält und die leerbleibenden Stellen ausfüllt. Das wäre also nicht zuviel. — Aber für wissenschaftliche Bücher! Was habt ihr Mathematiker für eine Masse Symbole!»

«Da helfen wir uns durch Indizes, durch kleine Zahlen, die wir oben oder unten an die Buchstaben des Alphabets setzen, wie a0, a1, a2 usw. Dazu brauchen wir nur noch eine zweite und dritte Reihe der Ziffern von 0 bis 9. Ja, dadurch könnte man sogar bei ausreichender Verabredung beliebige sprachliche Laute darstellen.»

«Meinetwegen. Ich will auch das deinem Idealleser zutrauen. Dann schätze ich, dass wir allerdings nicht mehr als etwa hundert verschiedene Zeichen nötig haben, um alles Denkbare durch die Schrift ausdrücken zu können.»

«Nun, sieh mal an. Und wie stark wollen wir einen Band machen?»

«Ich meine, man kann schon recht erschöpfend über ein Thema schreiben, wenn man einen Band von fünfhundert Seiten damit anfüllt. Denken wir uns auf der Seite etwa vierzig Zeilen mit fünfzig Buchstaben (wobei natürlich Spatien, Interpunktionen und so weiter stets mitgezählt sind), so bekämen wir vierzig mal fünfzig mal fünfhundert Buchstaben für einen solchen Band, das gibt — ja, das kannst du lieber ausrechnen.»

«Eine Million», sagte der Professor. «Wenn man also unsere hundert Zeichen beliebig oft wiederholt, in irgendeiner Ordnung so oft zusammenstellt, dass sie einen Bund von einer Million Buchstaben füllen, so wird man irgendein Schriftwerk bekommen. Und wenn man *alle möglichen* Zusammenstellungen sich denkt, die überhaupt in dieser Weise rein mechanisch gemacht werden können, so hat man genau sämtliche Werke, die jemals in der Literatur geschrieben worden sind oder in Zukunft geschrieben werden können.»

Burkel schlug dem Freunde kräftig auf die Schulter.

«Du, auf die Universalbibliothek abonniere ich. Dann habe ich ja sämtliche zukünftigen Bände der Zeitschrift schon fix und fertig in der Druckvorlage. lch brauche mich um keine Beiträge zu kümmern, Das ist ja prachtvoll für den Verleger, das ist die Ausschaltung des Autors aus dem Geschäftsbetriebe! Ersatz des Schriftstellers durch die Kombinationsmaschine, Triumph der Technik!»

«Wie?», rief die Hausfrau. «Alles ist in der Bibliothek? Auch der ganze Goethe? Die Bibel? Die Gesamtausgaben der Werke aller Philosophen, die nur je gelebt haben?»

«Und sogar mit sämtlichen Lesarten, auf die noch kein Mensch gekommen ist. Du findest da auch sämtliche verlorenen Schriften des Platon oder des Tacitus und die Übersetzungen dazu. Ferner sämtliche zukünftigen Werke von uns beiden, alle vergessenen und noch zu haltenden Reichstagsreden, den allgemeinen Weltfriedensvertrag, die Geschichte der darauffolgenden Zukunftskriege —»

«Und das Reichskursbuch, Onkel!» rief Susanne. «Das ist doch dein Lieblingsbuch.»

«Gewiss, und deine sämtlichen deutschen Aufsätze bei Fräulein Grazelau.»

«Ach, hätte ich doch das Buch schon im Pensionat gehabt! Aber ich denke, es handelt sich immer um einen ganzen

Band —»

«Erlauben Sie, Fräulein Briggen», fiel Burkel ein, «vergessen Sie nicht die Spatien. — Jedes kleinste Verschen kann einen Band für sich bekommen, das übrige ist dann leer. Und wir können auch die längsten Werke darin haben, den wenn sie in *einem* Bande nicht Platz finden, dann suchen wir einfach die Fortsetzung in einem andern.»

«Na ich danke für das Heraussuchen», sagte die Hausfrau.

«Damit hat es auch seinen Haken», begann der Professor schmunzelnd, indem er sich in seinem Sessel zurücklehnte und den Rauch seiner Zigarre behaglich mit den Blicke: verfolgte. «Es könnte zwar scheinen, als ob das Heraussuchen dadurch erleichtert würde, dass die Bibliothek auch ihren eigenen Katalog enthalten muss —»

«Nun also —»

«Ja, aber wie willst du den herausfinden? Und wenn du einen Band gefunden hättest, so wärst du auch nicht weiter, denn es sind ja nicht bloß die richtigen, sondern auch alle möglichen falschen Titel und Signaturen darin.»

«Teufel auch, das ist wahr.»

«Hm! Es gibt da so einige Schwierigkeiten. Nehmen wir da zum Beispiel den ersten Band unserer Bibliothek zur Hand. Die erste Seite ist leer, die zweite ebenfalls, und so fort, alle fünfhundert Seiten. Es ist nämlich der Band, worin das Zeichen des Spatiums einmillionenmal wiederholt ist —»

«Da kann wenigstens kein Unsinn darin stehen», warf Frau Wallhausen ein.

«Ein Trost! Nun der zweite Band, auch leer, alles leer, bis auf der letzten Seite, ganz unten, an der millionsten Zeichenstelle ein schüchternes 'a' steht.

Im dritten Band ist es wieder so, nur dass das 'a' um eine Stelle vorgerückt ist, an letzter Stelle steht wieder das Spatium. Und so schiebt sich das 'a' in jedem Bande um eine Stelle weiter nach vorn durch eine Million Bände, bis es im ersten Bande der zweiten Million glücklich die erste Stelle erreicht hat. Weiter steht nichts in diesem interessanten Bande. Und so geht es durch die ersten hundert Millionen unserer Bände, bis alle hundert Zeichen ihren einsamen Weg von hinten nach vom durchlaufen haben. Ein Gleiches wiederholt sich dann mit 'aa' oder mit irgend zwei anderen Zeichen in allen möglichen Stellungen. Ein Band bringt nur Punkte, einer nur Fragezeichen.

«Na, sagte Burkel, «diese inhaltlosen Bände würde man ja bald erkennen und ausscheiden —»

«Hm, ja — aber das Schlimmste kommt erst, wenn man einen scheinbar vernünftigen Band gefunden hat. Du willst zum Beispiel etwas im 'Faust' nachsehen, und triffst auch wirklich den Band mit dem richtigen Anfang. Und wenn du ein Stückchen gelesen hast, geht es auf einmal weiter: 'Papperle, happerle, nichts ist da!', oder einfach 'aaaaa' ... Oder es beginnt eine Logarithmentafel, aber auch von der weiß man nicht, ob sie richtig ist. Denn in unserer Bibliothek steht ja nicht nur alles Richtige, sondern auch alles Falsche. Durch die Überschriften darf man sich nicht irreführen lassen. Ein Band fängt vielleicht an 'Geschichte des Dreißigjährigen Krieges' und geht weiter: 'Als Fürst Blücher die Königin von Dahommey bei den Thermophylen geheiratet hatte —'»

«Du, Onkel, das ist was für mich!», rief Susanne vergnügt. «Die Bände könnte ich schreiben, denn wenn es durcheinandergehen soll, da entwickle ich großes Talent. Da steht gewiss auch der Anfang drin, den ich einmal von der lphigenie deklamiert habe:

'Heraus in eure Schatten, rege Wipfel,
Der Not gehorchend. nicht dem eignen Trieb,
Auf diese Bank von Stein will ich mich setzen.'

Wenn das da gedruckt stände, so wäre ich doch gerechtfertigt. Und da fände ich gewiss auch den langen Brief, den ich an euch geschrieben habe und der dann auf einmal verschwunden war, als ich ihn abschicken wollte. Mika hatte ja ihre Schulbücher darauf gelegt. — Oje!» unterbrach sie sich verlegen, indem sie die widerspenstigen braunen Haare aus der Stirn strich. «Fräulein Grazelau hat mir doch ausdrücklich gesagt, ich soll mich in acht nehmen, dass ich ja nicht ins Schwatzen komme!»

«Hier bist du ganz gerechtfertigt», tröstete der Onkel, «denn in unserer Bibliothek stehen nicht nur deine sämtlichen Briefe, sondern auch sämtliche Reden, die du je gehalten hast oder halten wirst —»

«Ach, da gib doch lieber die Bibliothek nicht heraus!»

«Sorge dich nicht, sie stehen ja nicht bloß mit deinem Namen, sondern auch mit dem von Goethe und überhaupt mit sämtlichen möglichen Namen der Welt unterzeichnet. Da findet zum Beispiel auch unser Freund mit seiner Unterschrift verantwortlich gezeichnete Artikel, die alle denkbaren Pressvergehen enthalten, so dass sein ganzes Leben nicht ausreicht, die Strafen abzusitzen. Da findet sich ein Buch von ihm, wo hinter jedem Satze steht, dass er falsch ist, und ein Band, wo hinter genau denselben Sätzen die Wahrheit beschworen wird —»

«Na, nun ist's gut», rief Burkel lachend. «Ich wusste ja gleich, dass du uns etwas aufbinden würdest. Also, ich abonniere nicht auf die Universalbibliothek, denn es ist ja unmöglich, den Sinn aus dem Unsinn, das Richtige aus Falschen herauszusuchen. Wenn ich nun soundso viel Millionen Bände finde, die alle behaupten, die wahre Geschichte des Deutschen Reiches im zwanzigsten Jahrhundert zu enthalten und die sich alle vollständig widersprechen, da kann ich ja gleich die Werke der Historiker selbst nehmen. Ich verzichte.»

«Das ist sehr schlau von dir. Denn du hättest dir eine hübsche Last aufgeladen. Übrigens flunkere ich nicht. Ich habe ja nicht behauptet, dass du dir das Brauchbare heraussuchen könntest, sondern nur dass man genau die Zahl der Bände angeben kann, die unsere Universalbibliothek enthält und worin neben allem Sinnlosen auch alle sinnvolle Literatur stehen muss, die überhaupt möglich ist.«

«Da rechne es nur mal aus, wieviel Bände es sind», sagte die Hausfrau. «Denn dieses weiße Papier lässt dir doch eher keine Ruhe.»

«Das ist ganz einfach, das kann ich im Kopfe machen. Wir überlegen uns nur, wie wir unsere Bibliothek herstellen. Wir setzen zunächst jedes unserer hundert Zeichen einmal hin. Dann fügen wir zu jedem wieder jedes der hundert Zeichen, so dass hundert mal hundert Gruppen zu je zwei Zeichen entstehen. Indem wir zum drittenmal jedes Zeichen hinzusetzen, bekommen wir hundert mal hundert mal hundert Gruppen von je drei Zeichen und so fort.

Und da wir eine Million Stellen im Bande zur Verfügung haben, so entstehen so viele Bände, als eine Zahl angibt, die man erhält, wenn man hundert einmillionenmal als Faktor setzt. Da hundert gleich zehn mal zehn ist, so bekommt man dasselbe, wenn man die Zehn zweimillionenmal als Faktor schreibt. Das ist also einfach eine Eins mit zwei Millionen Nullen.

Hier steht es: zehn hoch zwei Millionen: $10^{2000000}$.»

Der Professor hielt das Papier in die Höhe.

«Ja», rief seine Frau, «ihr macht euch die Sache leicht. Aber schreibe sie einmal aus.»

«Ich werde mich hüten. Da hätte ich mindestens zwei Wochen lang Tag und Nacht ohne Pause daran zu schreiben. Die Zahl würde im Druck etwa eine Länge von vier Kilometern erreichen.»

«Puh!», rief Susanne. «Wie spricht man denn die aus?»

«Dafür haben wir keine Namen. Ja, es gibt überhaupt gar kein Mittel. sie uns auch nur einigermaßen zu veranschaulichen, so kolossal ist diese Menge, obwohl sie endlich angebbar ist. Was man auch sonst an gewaltigen Größen nennen mag, das verschwindet gegen dieses Zahlenmonstrum.»

«Wie wär' es denn», fragte Burkel, «wenn man Sie in Trillionen angäbe?«

«Eine Trillion ist ja eine ganz hübsche Zahl, eine Milliarde Milliarden, eine Eins mit achtzehn Nullen. Wenn du unsere Bändezahl damit dividiertest, würdest du also von den zwei Millionen Nullen gerade achtzehn streichen. Du bekommst demnach eine Zahl mit einer Million neunhundertneunundneunzigtausend neunhundertzweiundachtzig Nullen, womit du ebensowenig eine Anschauung verbinden kannst. Aber halt — einen Augenblick.» Der Professor warf ein paar Zahlen auf das Papier.

«Dacht' ich's doch», sagte seine Frau. «Nun wird doch noch gerechnet!»

«Ich bin schon fertig. Weißt du, was diese Zahl für unsere Bibliothek bedeutet? Nehmen wir einmal an, jeder unserer Bände sei nur zwei Zentimeter dick und wir hätten sie alle in einer Reihe aufgestellt — was meint ihr, wie lang die Reihe wäre?«

Er sah sich triumphierend um, als alle schwiegen. Da sagte Susanne plötzlich: «Ich weiß es! Darf ich's sagen?»

«Immer los, Suse!»

«Doppelt soviel Zentimeter, als die Bibliothek Bände hat.»

«Brave, bravo!» riefen alle. «Das genügt vollständig.«

«Ja», sagte der Professor, «aber wir wollen es uns doch noch etwas genauer ansehen. Ihr wisst, dass das Licht in einer Sekunde dreihunderttausend Kilometer durchläuft, also in einem Jahre ungefähr zehn Billionen Kilometer, was gleich einer Trillion Zentimeter ist. Wenn also der Bibliothekar mit der Geschwindigkeit des Lichtes an unserer Bändereihe entlangsaust, so würde er doch zwei Jahre brauchen, um an einer einzigen Trillion Bände vorüberzukommen. Und um an der ganzen Bibliothek entlangzufahren, wären demnach doppelt soviel Jahre nötig, als eine Trillion in der Bändezahl enthalten ist, das gibt, wie vorhin gesagt, eine Eins mit einer Million neunhundertneunundneunzigtausend neunhundertzweiundachtzig Nullen. Was ich damit nur verdeutlichen wollte: Man kann sich die Zahl der Jahre, die das Licht braucht, an der Bibliothek entlangzulaufen, ebensowenig vorstellen wie die Zahl der Bände selbst. Und das zeigt wohl am klarsten, dass es eine vergebliche Mühe ist, sich von dieser Zahl eine Anschauung zu bilden, obwohl sie *endlich* ist.«

Der Professor wollte das Papier fortlegen, da sagte Burkel: «Wenn die Damen noch einen Augenblick gestatten, möchte ich bloß nach eine Frage stellen. Ich habe den Verdacht, dass du da eine Bibliothek ausgerechnet hast, für die es in der ganzen Welt keinen Platz gibt.»

«Das werden wir gleich haben», bemerkte der Professor und fing wieder an zu rechnen. Dann begann er: «Wenn wir die ganze Bibliothek zusammenpacken, so dass eintausend Bände auf einen Kubikmeter kommen, so würde, um sie zu fassen, der ganze Weltraum bis zu den fernsten uns sichtbaren Nebelflecken so oft genommen werden müssen, dass auch diese Zahl der vollgepackten Welträume nur einige sechzig Nullen weniger hätte als die Eins mit den zwei Millionen Nullen, die unsere Bändezahl angibt. Also, es bleibt dabei — wir kommen auf keiner Weise dieser Riesenzahl näher.»

«Siehst du», sagte Burkel, «ich hatte schon recht, dass sie unerschöpflich ist.»

«Doch nicht. Subtrahiere sie nur von sich selbst, so hast du 'Null'. Sie ist endlich, sie ist als Begriff fest definiert. Das Überraschende ist nur dies: Wir schreiben mit wenigen Ziffern die Zahl der Bände hin, in denen dieses scheinbar Unendliche aller möglichen Literatur verzeichnet steht. Versuchen wir aber, diesen lnhalt nun in unsre Erfahrung aufzunehmen, im einzelnen uns vorzustellen, zum Beispiel wirklich einen solchen Band unsrer Universalbibliothek herauszusuchen, so stehen wir jenem klaren Gebilde unsres eigenen Verstandes wie einem Unendlichen und Unfassbaren gegenüber.«

Burkel nickte ernsthaft und sprach: «Der Verstand ist unendlich viel größer als das Verständnis.»

«Was ist mit diesem Rätselwort gemeint?» fragte die Hausfrau.

«Ich meine nur, wir können unendlich mehr richtig denken, als wir in der Erfahrung wirklich zu erkennen vermögen. Das Logische ist unendlich mächtiger als das Sinnliche.»

«Das ist eben das Erhebende», bemerkte Wallhausen. «Das Sinnliche ist vergänglich mit der Zeit, das Logische ist unabhängig von aller Zeit, ist allgemeingültig. Und weil dieses Logische nichts anderes bedeutet als das Denken der Menschheit selbst, so haben wir in diesem zeitlosen Gut einen Anteil an den unwandelbaren Gesetzen des Göttlichen, an der Bestimmung der unendlichen Schöpfermacht. Darauf beruht das Grundrecht der Mathematik.»

«Wohl», sagte Burkel, «die Gesetze geben uns das Vertrauen auf die Wahrheit. Aber nützen können wir sie erst, wenn wir ihre Form mit lebendigem Erfahrungsstoff gefüllt, das heißt, wenn wir den Band gefunden haben, den wir aus der Bibliothek brauchen.»

Wallhausen stimmte zu, und seine Frau sprach leise:

Denn mit den Göttern
Soll sich nicht messen
Irgendein Mensch.
Hebt er sich aufwärts,
Und berührt
Mit dem Scheitel die Sterne,
Nirgends haften dann
Die unsicheren Sohlen,
Und mit ihm spielen
Wolken und Winde.

«Der große Meister trifft es», sagte der Professor. »Doch ohne das logische Gesetz gäbe es nichts Sicheres, das uns zu den Sternen und über die Sterne hebt. Nur dürfen wir den festen Boden der Erfahrung nicht verlassen. Nicht in der Universalbibliothek müssen wir suchen, sondern den Band, dessen wir bedürfen, uns selbst herstellen in dauernder, ernster, ehrlicher Arbeit.»

«Der Zufall spielt, die Vernunft schafft», rief Burkel. «Und deswegen wirst du mir morgen aufschreiben, was du heute gespielt hast, und ich werde doch meinen Artikel mitnehmen.»

«Den Gefallen kann ich dir tun», lachte Wallhausen. «Aber das sage ich dir gleich, deine Leser werden meinen, das ist aus einem der überflüssigen Bände. — Was willst du denn, Suse?»

«Ich will etwas Vernünftiges schaffen», sagte sie gravitätisch, «ich werde die Form mit Stoff erfüllen.»

Und sie füllte die Gläser aufs neue.

Nachwort

„Es war einmal im 24. Jahrhundert...“: auch Science-Fiction wird normalerweise in der Vergangenheitsform erzählt. Der „raunende Beschwörer des Imperfekts“ erinnert sich an die Zukunft, als läge sie bereits hinter ihm. Die in diesem Band versammelten Kurzgeschichten und Essays von Kurd Laßwitz (1848 - 1910) sind sogar im doppelten Sinne vergangene Zukunft, denn sie wurden vor mehr als hundert Jahren niedergeschrieben.

Und noch ein Drittes lässt sich sagen über die von Laßwitz mal als „moderne Märchen“, mal als „Bilder aus der Zukunft“ bezeichneten Erzählungen: sie führen ebenso in eine vergangene wie in eine vergessene Zukunft. Denn obwohl der promovierte Physiker und spätere Gothaer Gymnasiallehrer auch als Feierabend-Romancier brillierte — vor allem mit dem umfangreichen Mars-Attacks-Szenario „Auf zwei Planeten“ (1897) — kennt ihn heutzutage fast niemand mehr.

Während im englischen Sprachraum ebenso schnell H.G. Wells (1866 - 1946) als Science-Fiction-Pionier genannt wird wie im französischen Sprachraum Jules Verne (1828 - 1905), endet im allgemeinen Bewusstsein die „Ahnenreihe“ hierzulande meist bei Hans Dominik (1872 - 1945), der in seiner Gymnasialzeit Schüler von Laßwitz war.

Kurd Laßwitz ist kein Epigone, viel eher schon Traditionsstifter und Trendsetzer. So erschien sein Roman „Auf zwei Planeten“ ein Jahr vor dem bis heute populären Wells'schen Spektakel „Krieg der Welten“ („War of the Worlds“). Schon alleine das wäre ein guter Grund, das Werk des durchaus zu recht als „deutscher Jules Verne“ oder „Vater der deutschen Science Fiction“ bezeichneten Autors neu zu entdecken. Tatsächlich hat Laßwitz nicht nur viele spätere Schriftsteller-Kollegen nachhaltig beeinflusst, allen voran etwa Georg Heym und Arno Schmidt. Dass Weltraumpioniere wie Eugen Sänger oder Wernher von Braun seit den 1920er Jahren erste Versuche mit ballistischen Raketen anstellten, darf man ebenfalls als Teil der frühen Science-Fiction- bzw. Laßwitz-Rezeptionsgeschichte interpretieren.

Heutzutage würde man die technisch wie auch gesellschaftlich durchdachten Instrumente dieser Gedankenwelten aus dem späten 19. Jahrhundert wohl als „Hard Science Fiction" bezeichnen, wenn nicht sogar, noch anwendungsbezogener, als eine Form von „Science Fiction Prototyping". Ob neuartige ‚unmögliche' Materialien („Stellit"), bildgebende Verfahren zum Sichtbarmachen von Gedanken bzw. Träumen, Anti-Gravitation, Geist wie Materie bezwingende Psi-Kräfte oder die tiefgreifende Manipulation des Raum-Zeit-Kontinuums, um mit Überlicht-Geschwindigkeit den — wie der Autor in „Wie der Teufel den Professor holte" postuliert, gekrümmten — Raum zu durchdringen: noch der heutige Leser ist verblüfft über die Modernität vieler Laßwitz'scher Konzepte. Phantastik, ja, aber wissenschaftliche Phantastik auf der Höhe ihrer Zeit.

Doch auch der Plot vieler Geschichten überrascht. Ob es sich nun um die Schrumpfung von Personen auf Amöbengröße handelt, Besuch von humanoiden Außerirdischen, oder eine Zeitreise in die fernste, transhumane Zukunft — viele Stoffe, aus denen moderne Sci-Fi-Blockbuster und Space-Operas schöpfen, sind hier längst vorbereitet. Selbst Jorge Luis Borges' Idee der „totalen Bibliothek" (erzählerisch umgesetzt als „Bibliothek von Babel", 1941) hat in Laßwitz' spekulativ-mathematischer Erzählung „Die Universalbibliothek" einen direkten Vorgänger, hier zwar noch endlich, aber bereits unvorstellbar groß.

An letzterem Beispiel sieht man auch sehr gut: Was Laßwitz für heutige Leser noch interessant macht, sind nicht nur technische Finessen, sondern ein feines Gespür für die philosophischen Aspekte erwartbarer bzw. denkbarer Technologien der Zukunft. Laßwitz legt dabei auch die „Einflussagenten“ seines eigenen Weltbildes offen, allen voran den Einfluss des Naturphilosophen Gustav Theodor Fechner (siehe auch Laßwitz’ 1896 erschienene Fechner-Biografie), dessen „panpsychistische“ Weltanschauung dem Leser des öfteren begegnet, etwa in Form der „Weltseele“ oder dem Seelenleben der Pflanzen.

Spekulationen über das eigene Nachleben in ferner Zukunft waren Kurd Laßwitz nicht fremd. In seiner Aufsatzsammlung „Wirklichkeit — Beiträge zum Weltverständnis“ (1899) schrieb er weit vorausschauend:

„Von den Energieumsätzen, die von meinem Gehirn ausgegangen sind, werden vielleicht in anderen Gehirnen ähnliche Umwandlungen ausgelöst, und es wird sich, auch wenn mein Gehirn nicht mehr besteht, in anderen Gehirnen seine Tätigkeit fortsetzen oder infolge gewisser Unterschiede der Lichtabsorption von Druckerschwärze und Papier nach Jahren wieder erweckt werden.“

Wahrscheinlich hätte dem Autor auch die Idee gefallen, dass seine Gedanken als binär codierte elektrische Impulse durch die Universalbibliothek namens Internet zirkulieren, und auf hintergrundbeleuchteten Flüssigkristall- oder Tintenkapsel-Bildschirmen sichtbar gemacht werden, wie es nun zum Beispiel mit der E-Book-Version des vorliegenden Buches geschieht. Vorstellen konnte sich Laßwitz das ohnehin, wie etwa die öffentlichen „Fernschreibetafeln“ zeigen, die in seinem Kurzroman „Bis zum Nullpunkt des Seins“ für unterschiedlichste Inhalte von Lyrik bis zu Nachrichten genutzt werden.

Ansgar Warner,
im März 2017

Inhaltsverzeichnis

Arthur Conan Doyle: Eine Studie in Sherlock

**Zwei Sherlock Holmes-Romane:
Eine Studie in Scharlachrot
Das Zeichen der Vier**

London, im Jahr 1887: zum ersten Mal schickt Arthur Conan Doyle den Meisterdetektiv Sherlock Holmes & seinen Begleiter Dr. John Watson auf Verbrecherjagd. Die „Studie in Scharlachrot“ („A Study in Scarlet“) führt nicht nur in die düsteren Vororte Londons, sondern auch in die Salzwüste von Utah zur Zeit des großen Mormonentrecks. 1890 folgt mit dem “Zeichen der Vier” (‘The Sign of the Four’) der zweite Sherlock-Holmes-Roman. Darin lässt Conan Doyle den Privatermittler aus der Bakerstreet 221b mit seiner deduktiven Methode ein „Closed Room“-Rätsel à la Edgar Allan Poe lösen — die Motive für den mysteriösen Mordfall reichen zurück zu einer Verschwörung während des Indischen Kolonialaufstandes.

ISBN 978-3944953472 Euro 9,90

Adam Kuckhoff & Peter Tarin: Strogany und die Vermissten

Historischer Kriminalroman

«Strogany» (1941) ist wohl der ungewöhnlichste deutschsprachige Kriminalroman, der während des Zweiten Weltkriegs veröffentlicht wurde: die Autoren waren Mitglieder der Widerstandsgruppe «Rote Kapelle», und schmuggelten zahlreiche zeitkritische Passagen in den Text. Es blieb der einzige Krimi um Sergej Pawlowitsch Strogany, den Petersburger Sherlock Holmes: 1942 geriet Adam Kuckhoff in die Fänge der Gestapo, ein Jahr später wurde er hingerichtet. Auch sein Ko-Autor Peter Tarin überlebte den Krieg nicht.

ISBN 978-3944953434 Euro 13,90